Zusammen leben, zusammen wohnen

Karin von Flüe

Zusammen leben, zusammen wohnen

Was Paare ohne Trauschein wissen müssen

Ein Ratgeber aus der Beobachter-Praxis

Die Autorin

Karin von Flüe, Rechtsanwältin und Teamleiterin des Fachbereichs Familie und Soziales im Beobachter-Beratungszentrum, ist auch Autorin der Beobachter-Ratgeber «Trau dich! Das gilt in der Ehe», «Letzte Dinge» sowie Koautorin von «Abenteuer Familie» und «ZGB für den Alltag».

Stand Gesetze und Rechtsprechung: April 2010
Beobachter-Buchverlag
6., aktualisierte Auflage 2010
© 1998 Jean Frey AG, Zürich
Alle Rechte vorbehalten
www.beobachter.ch

Herausgeber: Der Schweizerische Beobachter, Zürich
Lektorat: Käthi Zeugin, Andrea Linsmayer
Cover: artimedia.ch (Grafik), Tres Camenzind (Bild)
Satz: Focus Grafik

ISBN 978 3 85569 436 5

Dieses Buch wurde auf chlor- und säurefreiem Papier gedruckt.

Inhalt

6. Eingetragene Partnerschaft für homosexuelle Paare

7. Füreinander vorsorgen 167

8. In reifen Jahren zusammenziehen 181

Vorwort

Will ein Paar zusammen wohnen und zusammen leben, geht das auch ohne staatlichen Segen. Die Kehrseite dieser Freiheit: Es gibt kein auf diese Lebensform zugeschnittenes Spezialgesetz, wenn sich dann plötzlich doch rechtlich relevante Fragen stellen. Wünscht man gesetzlichen Schutz, kann man ja heiraten, und homosexuelle Paare können die Partnerschaft eintragen lassen. So sieht es der Gesetzgeber, der sich standhaft weigert, für Konkubinatspaare ein spezielles Gesetz einzuführen. Selbst einzelne Verbesserungen wie die Einführung der gemeinsamen elterlichen Sorge verlaufen harzig. Wer klare Verhältnisse schätzt und sich und seine Liebste für schlechte Zeiten absichern möchte, muss darum selber tätig werden. Dieser Ratgeber zeigt Ihnen, was Sie für jede Lebenssituation vorkehren können, aber auch was in Streitfällen gilt und wie Sie alternativ zur juristischen Schiene zu verträglichen Lösungen kommen.

Nur für homosexuelle Paare gibt es seit dem 1. Januar 2007 die Möglichkeit, ihre Partnerschaft beim Zivilstandsamt eintragen zu lassen. Damit haben sie eine ähnliche Rechtsstellung und gesetzliche Absicherung wie Eheleute. In diesem Ratgeber finden Sie das Partnerschaftsgesetz vollständig abgedruckt und ausführlich kommentiert.

Ob und welche Vorsorge Sie treffen, werden Sie nach Ihrer eigenen Risikoeinschätzung entscheiden, ähnlich wie vor einer Reise in fremde Länder. Auch dann fragt man sich doch, ob es den empfohlenen Annullationsschutz oder die Impfung wirklich braucht. Im Nachhinein wären die getroffenen Vorsichtsmassnahmen für die einen dann tatsächlich nicht nötig gewesen. Andere dagegen waren heilfroh über ihre Umsicht. Schliesslich ist vorsorgen doch besser als heilen.

Karin von Flüe
Zürich, im Mai 2010

Konkubinat
– eine Einführung

In diesem Kapitel lesen Sie, wie sich das Konkubinat von der Antike bis zur heutigen Zeit entwickelt hat, mit welchen Rechtsregeln ein Paar ohne Trauschein konfrontiert sein kann und wie man diese mit einem Konkubinatsvertrag elegant umschifft. Am Kapitelende finden Sie eine kurze Gegenüberstellung der Vor- und Nachteile von Ehe und Konkubinat.

Geschichte des Konkubinats

Schon das römische Recht anerkannte neben der Ehe auch das Konkubinat als legale Lebensform zweier Menschen. Dies vor allem deshalb, weil es vielen Personen, zum Beispiel Sklaven oder Schauspielern, verboten war, eine Ehe einzugehen. Auf dem Konzil von Toledo im Jahr 633 n. Chr. bestätigte auch die katholische Kirche die Zulässigkeit des Konkubinats. Erst im Mittelalter änderte sich die Einstellung zum Konkubinat als legaler Lebensform radikal. Auch in der Schweiz. 1984 kannten noch acht Kantone ein Konkubinatsverbot, 1995 schaffte das Wallis als letzter Kanton das Verbot ab.

Heute ist die Gründung eines gemeinsamen Haushalts immer seltener mit einer Heirat verbunden. Laut der neusten eidgenössischen Volkszählung vom Jahr 2000 lebten 1 731 700 Personen in einer Paarbeziehung ohne Kinder. 308 700 davon wohnten ohne Trauschein zusammen. Gegenüber der früheren Volkszählung von 1990 bedeutete dies eine Zunahme um 26,4 Prozent. Unverheiratete Paare mit Kindern waren mit 130 196 Personen zwar seltener, verzeichneten aber einen markanten Anstieg von 38,5 Prozent, Tendenz steigend. 2008 kam bereits jedes sechste Kind unehelich zur Welt.

Trotz dieser Zahlen weigert sich der Gesetzgeber, das Konkubinat gesetzlich zu regeln. Noch im September 2005 hat sich der Bundesrat ablehnend zur Einführung einer registrierten Partnerschaft für heterosexuelle Paare geäussert. Immerhin dürfen die Kantone das Konkubinat gesetzlich regeln. Bisher können sich aber erst in Genf und Neuenburg sowohl hetero- wie auch homosexuelle Paare offiziell registrieren lassen. Und die Rechtswirkungen sind beschränkt auf die Kantonseinwohner sowie die Lebensbereiche, in denen die Kantone überhaupt eigene Rechtsregeln aufstellen dürfen, zum Beispiel im Steuer- und Sozialhilfebereich.

Als ein Meilenstein in der jüngeren Geschichte des Konkubinats darf gewiss die Einführung der eingetragenen Partnerschaft für homosexuelle Paare gelten. Seit dem 1. Januar 2007 können schwule und lesbische Paare mit der Eintragung ihrer Partnerschaft in der ganzen Schweiz von ähnlichen Rechtsregeln profitieren wie Eheleute. In Kapitel 6 (Seite 141) finden Sie das ganze Partnerschaftsgesetz abgedruckt und kommentiert.

Welche Rechtsregeln gelten?

Eheleuten widmet das Zivilgesetzbuch (ZGB) weit über hundert Gesetzesartikel. Vom Konkubinat ist darin nicht die Rede. Deshalb gibt es auch keine gesetzliche Definition für diese Art der Partnerschaft.

Die Gerichte beschäftigen sich erst dann mit einem Konkubinat, wenn seine rechtlichen Auswirkungen zu beurteilen sind. So bescherte uns das Bundesgericht immerhin eine Definition für ein gefestigtes Konkubinat. Es versteht darunter eine «auf längere Zeit, wenn nicht auf Dauer angelegte, umfassende Lebensgemeinschaft zweier Personen unterschiedlichen Geschlechts mit grundsätzlichem Ausschliesslichkeitscharakter, die sowohl eine geistig-seelische als auch eine wirtschaftliche Komponente aufweist. Verkürzt wird dies etwa auch als Wohn-, Tisch- und Bettgemeinschaft bezeichnet». Hat ein Paar keine sexuelle Beziehung oder fehlt die wirtschaftliche Komponente, liegt laut Bundesgericht immer noch ein gefestigtes Konkubinat vor, sofern der Partner und die Partnerin in einer festen, ausschliesslichen Zweierbeziehung leben, sich gegenseitig die Treue halten und sich umfassenden Beistand leisten.

Erst ganz vereinzelt hat das Konkubinat im Gesetz Spuren hinterlassen. Dazu gehören die im Jahr 2000 eingeführte gemeinsame elterliche Sorge für unverheiratete Eltern oder die Möglichkeit, dass die Pensionskasse auch an die Konkubinatspartnerin oder den Lebensgefährten Hinterlassenenleistungen ausrichtet.

Rechtsverhältnisse zu Dritten und untereinander

Dass zwei Menschen im Konkubinat leben, hat keine Auswirkungen auf ihre Rechtsgeschäfte mit privaten Drittpersonen. Insbesondere gibt es keine automatische gemeinschaftliche Haftung. Kauft der Partner zum Beispiel eine neue Espressomaschine oder nimmt die Partnerin einen Kleinkredit auf, hat die andere Seite damit nichts zu tun. Für eine solidarische Haftung der Lebenspartner braucht es immer eine entsprechende vertragliche Verpflichtung. Dies kommt allerdings relativ häufig vor. Etwa, indem beide den Mietvertrag für die Wohnung unterzeichnen, zusammen ein Auto leasen oder Partnerkreditkarten beantragen. Nicht immer sind sich die betroffenen Paare der Tragweite ihrer Unterschriften bewusst.

Cornelia unterzeichnet Daniels Antragsformular für eine Partnerkreditkarte zu ihrer Hauptkreditkarte. Damit verpflichtet sie sich der Kreditkartenfirma gegenüber, auch für die Bezüge von Daniel aufzukommen. Wenn er also seine Kreditkartenrechnung nicht bezahlt, muss Cornelia Daniels Schulden begleichen.

Soll der Partner für die Partnerin rechtsgültig handeln können, braucht es eine Vollmacht. Damit wird er zum Stellvertreter seiner Lebensgefährtin. Er kann in ihrem Namen und auf ihre Rechnung rechtsgültig Verbindlichkeiten eingehen oder Bezüge tätigen wie

Solidarhaftung

Solidarische Haftung heisst, dass jeder einzeln für die ganze ausstehende Schuld belangt werden kann. Die Gläubigerin kann sich aussuchen, von wem sie die Ausstände fordert. Sie darf die Schuld auf ihre Solidarschuldner aufteilen, kann sich aber auch einfach an den zahlungskräftigeren halten. Insbesondere kann ihr egal sein, welchen Verteilschlüssel die Lebenspartner untereinander abgemacht haben.

zum Beispiel bei der Vollmacht für das Bankkonto. Solche Vollmachten sind jederzeit widerrufbar und erlöschen automatisch, wenn die Vollmachtgeberin urteilsunfähig wird oder stirbt – Ausnahme: Auf der Vollmachtsurkunde steht das Gegenteil (mehr dazu auf Seite 75).

Konkubinat und Staat Im Verhältnis zum Staat kann das Konkubinat Vorteile und Nachteile haben. So fahren viele Doppelverdiener bei den Steuern besser, wenn sie nicht verheiratet sind. Das Gleiche gilt für AHV-Rentner: Eheleute erhalten maximal 3420 Franken pro Monat, Konkubinatspaare können dagegen auf 4560 Franken kommen.

Nachteilig ist das Konkubinat ausgerechnet für die wirtschaftlich Schwachen: Geht es um staatliche Leistungen wie Sozialhilfe, Ergänzungsleistungen, Stipendien oder die Alimentenbevorschussung, kann das Konkubinat zu einer Kürzung oder gar Einstellung der Zahlungen führen. Dies, obwohl keine gesetzliche Unterstützungspflicht unter Lebenspartnern existiert (mehr dazu auf Seite 103 und 205).

Eigene Regeln: Vertragsfreiheit Dass das Konkubinat gesetzlich nicht geregelt ist, bedeutet nicht, dass Sie in einem rechtsfreien Raum leben. Lebenspartner können sich selbstverständlich aller Vertragsarten bedienen, die unsere Rechtsordnung ermöglicht.

Häufig ist am Beratungstelefon des Beobachters zu hören: «Ich habe keinen Vertrag.» Meist liegt dann aber doch ein Vertragsverhältnis vor. Denn, die meisten Verträge können mündlich oder auch ohne Worte, durch konkludentes Verhalten, abgeschlossen werden.

Fernand legt im Supermarkt ohne ein Wort seine Einkäufe aufs Band. Damit gibt er konkludent zu verstehen, dass er diese kaufen, also einen Kaufvertrag abschliessen möchte.

Nur in wenigen Fällen verlangt das Gesetz einen schriftlich abgeschlossenen Vertrag. Dennoch ist es aus Beweisgründen oft sinnvoll, die Abmachungen schwarz auf weiss zu dokumentieren. Denn ohne etwas Schriftliches können Sie im Streitfall Ihre Behauptung kaum beweisen und kommen dann nicht zu Ihrem Recht.

Ein wichtiger Grundsatz im Schweizer Privatrecht ist die Vertragsfreiheit. Privatpersonen sind frei, ob und mit wem sie einen Vertrag abschliessen, und sie können den Inhalt ihrer Vereinbarung frei bestimmen. Man kann also auch Verträge eingehen, die nicht im Obligationenrecht vorgesehen sind. Bekannte Beispiele sind: der Leasing-, der Franchising- oder eben der Konkubinatsvertrag.

Beim Abfassen von eigenen Verträgen sind aber gewisse Grenzen zu beachten. Von Bedeutung ist vor allem Artikel 27 des Zivilgesetzbuchs (ZGB) über den Schutz der Persönlichkeit vor übermässiger Bindung.

 Beat, 30-jährig und Automechaniker, verpflichtet sich, seiner gleichaltrigen Partnerin Bettina, sollte es zur Trennung kommen, eine lebenslängliche Rente von 2000 Franken im Monat zu bezahlen.

Eine solche Verpflichtung wäre übermässig im Sinn von Artikel 27 ZGB und daher ungültig. Denn wer weiss, was das Leben für Beat noch parat hat. Vielleicht möchte er in zehn Jahren eine andere Frau heiraten und Vater werden. Würde seine Abmachung mit Bettina gelten, könnte er sich diesen Lebensweg kaum mehr leisten.

Das bedeutet allerdings nicht, dass eine Verpflichtung zur Unterhaltszahlung nach einer Trennung unmöglich wäre. Solange sie der konkreten Situation angemessen ist, greift Artikel 27 ZGB nicht ein. Beat könnte Bettina zum Beispiel gültig versprechen, ihr bis zum 16. Geburtstag des gemeinsamen Kindes einen seinen finanziellen Umständen angemessenen Unterhalt zu bezahlen.

Richterrecht, wenn eigene Regeln fehlen

Wenn weder das Gesetz noch die Lebenspartner Regeln aufstellen, muss im Konfliktfall das Gericht eine Lösung finden. Es stützt sich dabei auf Artikel 1 ZGB: «Das Gesetz findet auf alle Rechtsfragen Anwendung, für die es nach Wortlaut oder Auslegung eine Bestimmung enthält. Kann dem Gesetz keine Vorschrift entnommen werden, so soll das Gericht nach Gewohnheitsrecht und, wo auch ein solches fehlt, nach der Regel entscheiden, die es als Gesetzgeber aufstellen würde. Es folgt dabei bewährter Lehre und Überlieferung.» Muss die Richterin eine Streitfrage unter Lebenspartnern klären, prüft sie somit als Erstes, ob sie irgendwo im Schweizerischen Zivilgesetzbuch (ZGB) oder im Obligationenrecht (OR) eine Regel findet, die passt.

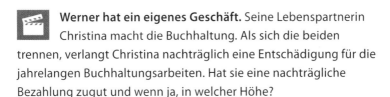

Werner hat ein eigenes Geschäft. Seine Lebenspartnerin Christina macht die Buchhaltung. Als sich die beiden trennen, verlangt Christina nachträglich eine Entschädigung für die jahrelangen Buchhaltungsarbeiten. Hat sie eine nachträgliche Bezahlung zugut und wenn ja, in welcher Höhe?

Das Gericht findet, dass folgende Regel passt: Laut Artikel 320 Absatz 2 OR gilt ein Arbeitsvertrag auch dann als abgeschlossen, wenn der Arbeitgeber Arbeit in seinem Dienst auf Zeit entgegennimmt, deren Leistung nach den Umständen nur gegen Lohn zu erwarten ist. Das Gericht qualifiziert die Rechtsbeziehung von Christina und Werner bezüglich der Buchhaltungsarbeiten also als Arbeitsvertrag und spricht Christina einen marktüblichen Lohn zu.

Nicht immer finden Richter im Gesetz eine passende Regel. Dann gilt der zweite Teil von Artikel 1 ZGB: Das Gericht muss selber eine passende Regel aufstellen. Dabei haben sich die Richter mit den Meinungen aus der Rechtslehre auseinanderzusetzen, was manchmal in seitenlange Ausführungen mündet.

BGE 114 II 295: Dieser Bundesgerichtsentscheid ist ein Paradebeispiel für das Vorgehen. Das Gericht musste entscheiden, ob die Exehefrau, die ohne Trauschein mit einem neuen Partner zusammenlebt, ihre Scheidungsrente genauso verliert wie die Exehefrau, die wieder heiratet. Im konkreten Fall erachtete das Bundesgericht das Beharren der Frau auf Bezahlung der Scheidungsalimente als rechtsmissbräuchlich, weil sie schon seit

fünf Jahren in einem stabilen Konkubinat lebte. Der Exmann musste die Alimente nicht mehr länger bezahlen.

Gesetze gelten für alle. Richterrecht dagegen gilt immer nur für die beiden vor Gericht stehenden Parteien. Die in den beiden Beispielen angewandten Regeln gelten also nicht automatisch auch für andere Konkubinatspaare. Natürlich haben die Entscheide des Bundesgerichts einiges Gewicht, wenn eine Richterin einen ähnlichen Fall zu beurteilen hat. Sie kann aber auch anders entscheiden. Gerade deshalb ist es so schwierig, bei Streitigkeiten rund um das Konkubinat die Prozesschancen einzuschätzen. Umso wichtiger, dass Sie selber verbindliche Regeln aufstellen.

Die Regeln der einfachen Gesellschaft

Der Name ist Programm: Die einfache Gesellschaft (Art. 530 ff. OR) gehört juristisch zum Handels- und Wirtschaftsrecht. Was hat das Konkubinat hier zu suchen? Fehlen klare schriftliche Abmachungen, greifen die Gerichte gerne auf diese Regeln zurück.

Das OR definiert die einfache Gesellschaft in Artikel 530 wie folgt: «Gesellschaft ist die vertragsmässige Verbindung von zwei oder mehreren Personen zur Erreichung eines gemeinsamen Zweckes mit gemeinsamen Kräften oder Mitteln. Sie ist eine einfache Gesellschaft (…), sofern dabei nicht die Voraussetzungen einer andern durch das Gesetz geordneten Gesellschaft zutreffen.»

Eine einfache Gesellschaft ist schnell entstanden. Es braucht dazu nichts Schriftliches. Man muss sich nicht einmal bewusst sein, dass man eine einfache Gesellschaft eingeht. Es genügt der Wille, mit gemeinsamen Mitteln einen gemeinsamen Zweck zu erreichen.

Susan und Verena organisieren für ihr zehnjähriges Jubiläum eine tolle Party. Sie mieten einen Partyraum, engagieren eine DJane und bestellen Essen und Getränke. Zweck der einfachen Gesellschaft: gemeinsam eine Party schmeissen.

Die einfache Gesellschaft kann auch ganz rasch wieder beendet sein. Im Party-Beispiel endet sie, nachdem Verena alle damit verbundenen Rechnungen bezahlt und mit Susan abgerechnet hat. Statt nur der Abwicklung eines einzelnen Geschäfts kann die einfache Gesellschaft aber auch länger dauernden Zwecken dienen.

 Peter kauft ein neues Auto für 30 000 Franken. Seine Lebenspartnerin Katrin steuert 10 000 Franken an den Kauf bei. Katrin nutzt das Auto, um zur Arbeit zu fahren, Peter braucht es vorwiegend für seine Freizeitaktivitäten. Haben die beiden nichts weiter vereinbart, könnte eine einfache Gesellschaft entstanden sein mit dem Zweck: Erwerb und gemeinsames Nutzen eines Autos.

Das bedeutet aber nicht, dass jede Paarbeziehung automatisch zur einfachen Gesellschaft wird. Das Gericht muss für jede Rechtsfrage prüfen, ob die Regeln passen. Und wenn das so ist, dann kommen diese Regeln nur für einzelne Bereiche zum Tragen. Auch wenn also durch den Kauf und die gemeinsame Benützung punkto Auto eine einfache Gesellschaft entstanden ist, muss dies nicht für alle anderen Vermögenswerte von Peter und Katrin gelten.

Eine einfache Gesellschaft in einem Konkubinat entsteht am ehesten bei folgenden Rechtsgeschäften:

— gemeinsamer Erwerb und gemeinsame Nutzung einer Sache, zum Beispiel einer Eigentumswohnung

— führen einer gemeinsamen Haushaltskasse

— mieten und nutzen einer gemeinsamen Wohnung

Wirkungen der einfachen Gesellschaft Die Auswirkungen der einfachen Gesellschaft werden meist erst spürbar, wenn es Differenzen gibt. Also zum Beispiel, wenn Katrin und Peter über den Wiederverkauf des Autos streiten. In der einfachen Gesellschaft entsteht Gesamteigentum. Deshalb kann weder Peter noch Katrin das Auto als Ganzes oder den eigenen Anteil daran ohne Einwilligung des anderen verkaufen. Können sie sich nicht einigen, was mit dem Auto passieren soll, gelten die Auflösungsbedingungen der einfachen Gesellschaft und die sagen:

— Jeder Partner kann mit einer Frist von sechs Monaten kündigen. Eine Abkürzung dieser Frist ist nur über das Gericht möglich, wenn wichtige Gründe vorliegen. Häusliche Gewalt zum Beispiel.

— Liquidiert wird die Gesellschaft nach folgenden Regeln:
  - Rückzahlung der Einlagen nach dem Wert, der zur Zeit der Investition galt
  - Teilung des Gewinns oder Verlustes nach Köpfen

Peter erhält also seine Einlage von 20 000 Franken und Katrin ihre 10 000 Franken zurück. Theoretisch. Leider ist das Auto inzwischen nur noch 20 000 Franken wert. Die einfache Gesellschaft hat einen Verlust von 10 000 Franken erlitten. Dieser wird nach Köpfen aufgeteilt, jede Seite muss 5000 Franken übernehmen. Katrin trifft der Verlust härter, sie erhält mit 5000 Franken nur noch die Hälfte ihrer Investition (10 000 Einlage minus 5000 Verlust). Peter erhält dagegen 15 000 Franken zurück (20 000 Einlage minus 5000 Verlust). Hätten die beiden einen wertvollen Oldtimer erstanden und mit Gewinn weiterverkauft, wäre dagegen Katrin besser weggekommen. Sie hätte ihre volle Einlage und die Hälfte des Gewinns einstreichen können.

> 💡 Passen Ihnen diese Regeln nicht, treffen Sie andere Abmachungen, und zwar schriftlich. Hätte Katrin Peter folgenden Satz unterzeichnen lassen, wäre von einer einfachen Gesellschaft nie die Rede gewesen: «Peter bestätigt, für den Kauf eines Autos von Katrin ein Darlehen von 10 000 Franken erhalten zu haben.»

Das Nötige regeln im Konkubinatsvertrag

Den Konkubinatsvertrag gibt es nicht. Wie viel und was Sie in Ihrer Vereinbarung regeln, hängt von Ihren persönlichen Bedürfnissen ab. Ein Paar mit Kindern, das zusammen ein Eigenheim kauft, wird

mehr regeln müssen als kinderlose Doppelverdiener, die in einer Mietwohnung leben. Und nicht jedes Paar braucht unbedingt einen Konkubinatsvertrag. Solange keine Seite von der anderen wirtschaftlich
abhängig ist, das Paar keine grösseren Anschaffungen tätigt oder
gar Wohneigentum erwirbt, ist ein Konkubinatsvertrag zwar sinnvoll, aber nicht dringend notwendig. Worauf Sie aber nicht verzichten sollten, ist, ein Inventar zu erstellen und dieses regelmässig zu
aktualisieren (siehe Seite 40).

Im Anhang finden Sie einen Mustervertrag mit verschiedenen
Inhaltsmodulen (Muster 1). Pflücken Sie sich einfach diejenigen
Teile heraus, die Sie im Moment benötigen, und setzen Sie so Ihren
eigenen Konkubinatsvertrag zusammen. Ändern sich Ihre Bedürfnisse später, können Sie Ihren Vertrag jederzeit anpassen. Tun Sie
das auch!

Das regeln Sie im Konkubinatsvertrag:

— **Haushaltsbudget**
Welche Posten zählen wir dazu und wie teilen wir uns die Kosten?

— **Hausarbeit**
Wer macht was und wie wird eine Mehrarbeit des einen
Partners entschädigt?

— **Inventarliste**
Wem gehört was und wie teilen wir gemeinsam Angeschafftes
bei einer Trennung auf?

— **Beistand bei Trennung**
Soll die wirtschaftlich schwächere Seite nach einer Trennung
vom Partner Unterhaltszahlungen erhalten?

— **Wohnung**
Wer darf in der gemeinsamen Wohnung bleiben, wenn wir uns
trennen, und welche Kündigungsfristen sollen gelten?

— **Vermögen**
Soll bei einer Trennung ein Vermögensausgleich stattfinden?

Die Regelungen für gemeinsame Kinder gehören nicht in den Konkubinatsvertrag. Denn solche Vereinbarungen sind nur gültig, wenn sie vom Gericht oder von der Vormundschaftsbehörde genehmigt wurden. Kinderfragen regelt man deshalb jeweils in einem separaten Unterhaltsvertrag oder in einer Vereinbarung über die gemeinsame elterliche Sorge (mehr dazu in Kapitel 5, Seite 121 und 131).

Sinnvoll ist es, den Konkubinatsvertrag etwa alle zwei Jahre zu überprüfen. Datieren und unterzeichnen Sie ihn danach erneut, egal, ob Sie Anpassungen vorgenommen haben oder nicht.

Wie unromantisch-geschäftlich, finden Sie? Das Beobachter-Beratungszentrum sieht das anders. Verbindliche Regeln schaffen klare Verhältnisse. Dadurch lassen sich unnötige Missverständnisse und Enttäuschungen am ehesten verhindern. Und damit die Romantik nicht zu kurz kommt: Krönen Sie den Abschluss Ihres Konkubinatsvertrags mit einem feinen Nachtessen zu zweit.

Heiraten – eine Option?

Es gibt viele gute Gründe, auch nach langen Konkubinatsjahren nicht zu heiraten: Weil man das Zusammensein lieber selber regelt, als sich von Gesetzen bestimmen zu lassen. Weil man nicht mehr Steuern zahlen will. Weil sonst die Partnerin die Witwenrente verliert. Weil eine Seite einen erbitterten Scheidungskampf hinter sich hat. Weil beiden die Freiwilligkeit der Beziehung wichtig ist. Ebenso gute Gründe gibt es, sich für die Heirat zu entscheiden: Weil man sich vor Gott und der Welt zueinander bekennen will. Weil ein Kind unterwegs ist. Weil man gemeinsam Wohneigentum erwerben will. Weil die Altersvorsorge dann viel einfacher ist. Weil beide nach einigen Jahren «Probeehe» sicher sind, den Partner, die Partnerin für immer gefunden zu haben.

Was sind ganz sachlich die Vorteile, was die Nachteile des Trauscheins? Die folgende Übersicht soll Ihnen den Entscheid erleichtern.

Zehn Kriterien für Ihren Entscheid

Was für den Partner von Vorteil ist, kann von seiner Lebensgefährtin als Nachteil empfunden werden – und umgekehrt. Auf eine Gewichtung nach Pro und Contra wird hier deshalb verzichtet. Sie entscheiden!

1. Name Im Konkubinat behalten Mann und Frau ihre bisherigen Namen. Gemeinsame Kinder erhalten den Namen der Mutter.

In der Ehe gibt es nur einen Familiennamen, den das Ehepaar vor der Heirat wählt. Es können also nicht beide ihren bisherigen Namen behalten. Erlaubt ist nur, den bisherigen Namen dem Familiennamen voranzustellen. Gemeinsame Kinder tragen den Familiennamen.

 Sandro Müller und Melanie Sieber wählen als Familiennamen Müller. Melanie entscheidet sich, ihren bisherigen Namen voranzustellen, führt also den Doppelnamen Sieber Müller. Ihre Kinder werden nur den Nachnamen Müller tragen.

2. Kinder Das Gesetz unterscheidet schon lange nicht mehr zwischen ehelichen und ausserehelichen Kindern, wenn es um ihre Rechte gegenüber den Eltern geht. Neu gilt das auch beim Bürgerrecht: Ist ein Elternteil Schweizer, erhalten die Kinder das Schweizer Bürgerrecht – unabhängig davon, ob die Eltern verheiratet sind (vom Vater wird allerdings verlangt, dass er sein uneheliches Kind anerkannt hat oder dass die Vaterschaft per Gerichtsurteil festgestellt wurde).

Das gemeinsame Sorgerecht für ihre Kinder erhalten Konkubinatseltern jedoch nicht automatisch wie Eheleute. Sie müssen die gemeinsame elterliche Sorge beantragen und der Vormundschaftsbehörde eine Vereinbarung vorweisen, in der sie festlegen, wer die Kinder wann und wie häufig betreut und wie die Unterhaltskosten aufgeteilt werden. Andernfalls steht das Sorgerecht nur der Mutter zu. Nach dem Willen des Bundesrates hätten neu auch im Konkubinat lebende Eltern automatisch das gemeinsame Sorgerecht erhalten sollen. Voraussichtlich wird es nur auf geschiedene Eltern ausgedehnt.

3. Binationale und ausländische Paare Für Konkubinatspaare ist es sehr schwierig, eine Aufenthaltsbewilligung für den ausländischen Partner zu erhalten, wenn dieser aus einem Land ausserhalb des EU-/EFTA-Raums stammt. Heiratet das Paar, gelten einfachere Regeln punkto Aufenthalts- und Niederlassungsrecht sowie für eine spätere Einbürgerung.

4. Steuern Ehepartner werden bei der Einkommens- und Vermögenssteuer gemeinsam besteuert. Insbesondere wird das Einkommen addiert, und das führt wegen der progressiven Steuertarife für Verheiratete oft zu einer höheren Besteuerung als für Konkubinatspaare mit gleichem Haushaltseinkommen. Doppelverdiener fahren deshalb dank der getrennten Besteuerung im Konkubinat in der Regel besser. Bei gut verdienenden Paaren macht das mehrere Tausend Franken aus. Seit 1.1.2008 wird diese Ungleichbehandlung bei der direkten Bundessteuer mit einem erhöhten Zweitverdiener- und Verheiratetenabzug etwas gemildert.

Bei der Erbschafts- und Schenkungssteuer ist die Situation anders: Ehepartner müssen diese Steuer nicht mehr abliefern. Konkubinatspaare dagegen sind nur in den Kantonen Nid- und Obwalden, Schwyz und Zug ganz von Erbschafts- und Schenkungssteuern befreit. Einige Kantone gewähren immerhin Freibeträge oder tiefere Steuersätze.

5. Scheidungsrenten Mit einer Heirat erlischt der Anspruch auf Alimente des früheren Ehegatten. Die neue Lebensgemeinschaft dagegen führt nur dann zu einem Verlust, einer Kürzung oder einer einstweilen Einstellung, wenn dies in einer sogenannten Konkubinatsklausel im Scheidungsurteil so festgehalten ist oder wenn der Exgatte einen Prozess anstrengt und das Gericht zum Schluss kommt, es liege ein stabiles Konkubinat vor.

 Die Kinderalimente bleiben weiterhin geschuldet – sowohl bei einer Heirat wie auch bei einem stabilen Konkubinat.

6. Erbrecht Die hinterbliebene Ehefrau oder der Ehemann gehören immer zum Kreis der gesetzlichen Erben. Ihre erbrechtliche Stellung gegenüber den Kindern oder den Eltern kann mit einem Ehevertrag und einem Testament oder einem Erbvertrag noch erheblich gestärkt werden.

Für Konkubinatspaare gibt es kein gesetzliches Erbrecht. Lebenspartner können sich zwar mit einem Testament oder einem Erbvertrag begünstigen. Sind Nachkommen, Eltern oder ein Noch-Ehegatte da, müssen aber deren Pflichtteile respektiert werden. Das schränkt die erbrechtliche Begünstigung stark ein.

7. Witwen- und Witwerrenten Verheiratete erhalten, wenn sie gewisse Voraussetzungen erfüllen, sowohl von der AHV wie auch aus der Pensionskasse und der Unfallversicherung Witwen- oder Witwerrenten. Lebenspartner erhalten keine Hinterlassenenleistungen der AHV oder der Unfallversicherung. Pensionskassen dürfen freiwillig Leistungen an überlebende Konkubinatspartner vorsehen, wenn das Paar mindestens fünf Jahre zusammengelebt hat, wenn für ein gemeinsames Kind zu sorgen ist oder wenn der Verstorbene zu Lebzeiten mindestens für die Hälfte des Lebensunterhalts der Partnerin aufgekommen ist.

Erhält der Partner oder die Partnerin bereits eine Witwen- oder Witwerrente von der AHV, der Pensionskasse oder der Unfallversicherung, erlischt der Anspruch, wenn das Paar heiratet. Beim Konkubinat bleibt der Anspruch bestehen.

8. Altersrenten Haben der Partner und die Partnerin das gesetzliche Rentenalter von 65 bzw. 64 Jahren erreicht, erhalten Verheiratete im gleichen Haushalt wegen der sogenannten Plafonierung zusammen höchstens 3420 Franken (Stand 2010). Unverheiratete Paare hingegen bekommen zwei ungekürzte Renten ausbezahlt – zusammen maximal 4560 Franken.

9. Ergänzungsleistungen Ist der Partner, die Partnerin oder sind beide auf Ergänzungsleistungen zur AHV- oder IV-Rente angewiesen, werden bei der Berechnung für Unverheiratete höhere Beträge für den Lebensbedarf berücksichtigt. Das kann zu höheren Leistungen führen als bei Eheleuten.

10. Trennung und Scheidung Lässt sich ein Ehepaar scheiden, hat die wirtschaftlich schwächere Seite grundsätzlich Anspruch auf Alimente. Das in der AHV und in der Pensionskasse während der Ehe gesparte Guthaben wird hälftig aufgeteilt. Auch das während der Ehe erwirtschaftete Vermögen wird halbiert, falls die Eheleute nicht in einem Ehevertrag etwas anderes vereinbart haben.

Bei Konkubinatspaaren gilt das alles nicht. Die wirtschaftlich schwächere Seite zieht den Kürzeren. Freiwillig lassen sich immerhin im Konkubinatsvertrag ein Trennungsunterhalt und/oder eine Abfindung vereinbaren.

Zusammenziehen

Sie möchten zusammenziehen? Wunderbar! Ob Sie zu ihm ziehen oder ob Sie beide gemeinsam eine neue Wohnung mieten, es gibt viel zu tun. In diesem Kapitel finden Sie Anregungen, wie Sie Ihr Vorhaben optimal umsetzen, welche Versicherungen Sie abschliessen sollten, und binationale Paare erfahren, mit welchen behördlichen Hürden zu rechnen ist.

Neue Wohnung für beide

Sie leben in einer WG, noch bei den Eltern oder in einer für zwei Personen zu kleinen Wohnung? Dann sind Sie sicher mit der Suche eines passenden Heims für Sie beide beschäftigt. Wegen der solidarischen Haftung gegenüber dem Vermieter mieten Sie mit Vorteil eine Wohnung, die zur Not auch jeder Wohnpartner allein bezahlen kann. Ist ein Partner dazu nicht in der Lage, sollte er den Mietvertrag besser nicht mitunterzeichnen. Oft haben Konkubinatspaare allerdings keine Wahl, wenn der Vermieter auf zwei Unterschriften besteht. Achten Sie in diesem Fall auf möglichst kurze Kündigungsfristen und -termine.

Gemeinsamer Mietvertrag

Unterzeichnen beide den Mietvertrag, werden sie der Vermieterin gegenüber gleich berechtigt und verpflichtet. Die Vermieterin muss also beide Mieter gleich behandeln, insbesondere beiden eine allfällige Mietzinserhöhung oder Kündigung mitteilen. Umgekehrt müssen die beiden Mieter der Vermieterin gegenüber immer gemeinsam handeln. Beide müssen also die Mietzinserhöhung anfechten oder im Fall einer Kündigung eine Erstreckung des Mietverhältnisses verlangen. Selbstverständlich kann sich der Einfachheit halber ein Partner vom anderen dazu bevollmächtigen lassen (siehe Seite 75).

Solidarische Haftung gegenüber der Vermieterin Für die Bezahlung des Mietzinses und aller sonstigen Verbindlichkeiten wie Mieterschäden, Depot oder Nebenkosten haftet jeder Mieter solidarisch. Das heisst, die Vermieterin hat die Wahl, von wem von Ihnen sie die Zahlung der Ausstände fordert. Ihre Abmachung über die interne Kostenverteilung spielt dabei keine Rolle. Ein Ausschluss dieser Solidarhaftung ist möglich, aber nur, wenn die Vermieterin zustimmt.

Selbstverständlich können Sie im internen Verhältnis, also untereinander, die Abmachungen treffen, die auf Ihre konkreten Verhältnisse zugeschnitten sind. Regeln Sie vor allem Folgendes (Formulierungen finden Sie im Anhang, Muster 1):

— Wer übernimmt welchen Anteil an den Miet- und Nebenkosten, allfälligen Mieterschäden und Auslagen für die Suche nach einem Ersatzmieter?

— Wer zahlt das Mietzinsdepot ein und wer darf es nach Beendigung des Mietvertrags wieder auslösen?

— Wer darf bei einer Trennung in der Wohnung bleiben?

— Wie lange muss der Partner, der auszieht, den vereinbarten Mietzinsanteil bezahlen?

— Innert welcher Frist muss der Ausziehende seine persönlichen Sachen abholen?

Trennungsstreit vorbeugen

Nach der Erfahrung des Beobachter-Beratungszentrums sind gemeinsam unterzeichnete Mietverträge in einem stabilen Konkubinat unproblematisch. Heikel kann es aber werden, wenn ein Paar sich im Streit trennt und für diesen Fall nicht vorgesorgt hat. Dazu drei Beispiele – und die möglichen Lösungen dafür:

 Walter verlässt die Wohnung nach einem heftigen Streit. Seine Partnerin Selina befürchtet, dass er seinen Mietzinsanteil von zwei Dritteln nicht mehr bezahlen wird. Allein kann sie die gesamte Miete kaum aufbringen. Immerhin ist Walter zur Kündigung der Wohnung bereit. Wie lösen die beiden das Problem?

Juristische Lösung: Walter darf zwar jederzeit ausziehen. Er kann aber die mündliche Vereinbarung über die Kostenverteilung nicht von heute auf morgen kündigen. Da die beiden keine «interne Kündigungsfrist» vereinbart haben, gelten die Regeln der einfachen Gesellschaft: Walter muss seinen Anteil an der Miete noch sechs Monate bezahlen, ausser er findet einen zumutbaren Ersatzmieter, der bereit ist, den Anteil zu übernehmen. Zahlt Walter nicht freiwillig, müsste Selina ihre Forderung gerichtlich erzwingen. Kann sie aber nicht beweisen, dass Walter sich zur Zahlung von zwei Dritteln verpflichtet hat, wird nach den Regeln der einfachen Gesellschaft eine hälftige Kostentragung angenommen. Selina käme damit schlecht weg.

Beobachter-Lösung: Selina sollte mit Walter die Wohnung kündigen und so rasch wie möglich einen Ersatzmieter suchen. Zudem kann sie dem Vermieter ihre missliche Lage schildern und ihn bitten, Walters Mietanteil direkt bei ihm einzufordern. Zögert der Vermieter, könnte Selina ihm anbieten, die Eintreibungskosten zu übernehmen.

Vorsorgliche Lösung: Vereinbaren Sie vor dem Einzug schriftlich, wie lange der ausziehende Partner seinen Mietanteil zu leisten hat. Mit dieser schriftlichen Abmachung haben Sie einen sogenannten provisorischen Rechtsöffnungstitel in der Hand. Wird ein Betreibungsverfahren nötig, kommen Sie damit rascher zum Geld.

Hugo zahlt seinen Anteil an der Miete nicht, macht Schulden und verhält sich Carola gegenüber unmöglich. Sie zieht deshalb in eine eigene Wohnung. Carola weiss, dass wegen der solidarischen Haftung der ganze Mietzins für die alte Wohnung an ihr hängen bleiben wird. Theoretisch müsste ihr Hugo zwar die Hälfte zurückerstatten, doch er hat kein Geld, und so ist bei ihm nichts zu holen. Um den Schaden zu begrenzen, will Carola so rasch wie möglich kündigen. Das kann sie aber nur gemeinsam mit Hugo – und der weigert sich.

Juristische Lösung: Mieterfreundliche Juristen wollen jedem Mieter eine Teilkündigung zugestehen. Bisher hat sich diese Auffassung bei den Gerichten aber nicht durchgesetzt. Ohne Teilkündigungsklausel im Mietvertrag lässt sich der Konflikt mit juristischen Mitteln nicht auf die Schnelle lösen. Nach den Regeln der einfachen Gesellschaft ist eine Kündigung des internen Verhältnisses mit einer Frist von sechs Monaten möglich. Nur wenn ein wichtiger Grund vorliegt, lässt sich die einfache Gesellschaft vorher auflösen. Um die Wohnung ohne Hugos Einverständnis zu kündigen, muss Carola das Gericht einschalten.

Beobachter-Lösung: Carola sollte dem Vermieter ihre missliche Lage schildern und ihn bitten, dass er ihr und Hugo kündigt. Zögert der Vermieter, kann Carola ihm anbieten, für einen Ersatzmieter zu sorgen und für die Umtriebe aufzukommen.

Vorsorgliche Lösung: Bestehen Sie beim Abschluss des Mietvertrags auf einer Teilkündigungsklausel (siehe Kasten). Dank dieser Vertragsbestimmung kann jeder Mieter notfalls das Mietverhältnis allein kündigen. Es empfiehlt sich, beim Auszug aus der gemeinsamen Wohnung von der Vermieterin eine Bestätigung einzuholen, dass sie einen aus dem Mietvertrag entlässt.

Teilkündigungsklausel

Formulierung im Mietvertrag

Jeder Wohnungspartner ist berechtigt, den Vertrag für sich zu kündigen. Die Kündigungsfrist verlängert sich in einem solchen Fall um zehn Tage. Erfolgt während dieser Bedenkfrist keine Kündigung der Vermieterin, wird das Mietverhältnis mit dem verbleibenden Wohnungspartner fortgesetzt.

Achtung: Die Teilkündigungsklausel ist nur gültig, wenn sie die Vermieterin unterschreibt.

Vermieterbestätigung

Die Immobilia AG entlässt die Mieterin Carola X. per 28. Februar 2010 aus dem Mietvertrag und aus der solidarischen Haftung bezüglich der Wohnung an der Sonnengasse 15, 3250 Lyss (1. Stock). Mieterin und Vermieterin erklären sich als per saldo aller Ansprüche auseinandergesetzt.

Sandra und Thomas sind vor zwei Jahren zusammen in die tolle Attikawohnung eingezogen. Jetzt wollen sie auseinandergehen und streiten sich, wer ausziehen muss und wer in der Traumwohnung bleiben darf.

Juristische Lösung: Ehrlich, ein solcher Konflikt lässt sich mit juristischen Mitteln kaum lösen.

Beobachter-Lösung: Anstatt einen Zermürbungskrieg zu führen, sollten Sandra und Thomas den Vermieter wählen lassen. Dieser ist zwar nicht objektiv, dafür herrschen aber rasch klare Verhältnisse. Ist den beiden der Vermieter zu parteiisch, können sie das Los entscheiden lassen.

Vorsorgliche Lösung: Vereinbaren Sie noch vor dem Bezug der gemeinsamen Wohnung, wer im Trennungsfall darin bleiben darf.

Lassen Sie sich von diesen unschönen Beispielen bloss nicht die Freude über Ihre erste gemeinsame Wohnung verderben! Investieren Sie aber ein wenig Zeit in eine schriftliche Vereinbarung, die Ihnen, sollte es doch einmal zur Trennung kommen, unschönen Streit erspart. Länger als zum Aufhängen aller Lampen brauchen Sie dank den Mustern in diesem Buch bestimmt nicht!

Alles übers Mieten – von der Wohnungssuche über den Vertragsabschluss bis hin zur Kündigung – erfahren Sie im Beobachter-Ratgeber «Mietrecht» (www.beobachter.ch/buchshop).

Beim Partner einziehen

Zieht der Partner ins Eigenheim oder in die Mietwohnung seiner Lebensgefährtin, gibt es einige organisatorische Fragen zu klären: Wo kommt der Lieblingssessel des einziehenden Liebsten hin, welche seiner Kleider haben noch Platz im Schlafzimmerschrank, behalten Sie sein oder Ihr Bett, oder leisten Sie sich eine neue Sitzecke?

Nehmen Sie sich aber auch etwas Zeit zum Überdenken der rechtlichen Rahmenbedingungen Ihrer neuen Gemeinsamkeit. Es empfiehlt sich, vor allem folgende Fragen zu klären – und zwar bevor die Zügelkisten gepackt werden:

— Lasse ich die Partnerin gratis bei mir wohnen oder soll sie sich an den Wohnkosten beteiligen?

— Übernimmt sie einen Anteil vom Mietzins oder besteht ihr Beitrag an die Wohnkosten in Haus- und sonstigen Arbeiten?

— Welche Kündigungsfristen sollen gelten, wenn eine Seite eines Tages ausziehen will oder soll?

Im Eigenheim des Partners

Ziehen Sie ins Eigenheim des Partners, schliessen Sie am besten einen schriftlichen Mietvertrag ab. Sie können dafür einen Mustermietvertrag verwenden oder Ihre Abmachungen selber schriftlich festhalten. Es braucht keine seitenlangen komplizierten Schriftwerke. Regeln Sie im Mietvertrag aber mindestens folgende Punkte:

— Räumlichkeiten, die Sie mitbenutzen und allenfalls allein nutzen dürfen

— Vertragsdauer (auf eine bestimmte Dauer oder unbefristet)

— Mietbeginn

— Mietzins und Zahlungsbedingungen

— Kündigungsfristen und Kündigungstermine

— Regeln bei vorzeitigem Auszug

— Frist zum Abholen Ihrer persönlichen Sachen, wenn Sie ausziehen

 Im Anhang finden Sie ein Muster für einen Mietvertrag (Muster 2). Einen Formularmietvertrag mit Erklärungen erhalten Sie beim Mieterinnen- und Mieterverband (www.mieterverband.ch).

Der Mietvertrag bietet zwar keinen Schutz vor einer Beziehungs-krise, aber wenigstens vor Racheakten wie ungerechtfertigter Miet-zinserhöhung oder sofortigem Rausschmiss. Gibt es «Mietstreit», können beide Seiten von einer kostenlosen Beratung und Vermitt-lung bei der Schlichtungsstelle in Mietsachen profitieren. Und sollte der Wohnungseigentümer überraschend sterben, gelten die Abma-chungen im Mietvertrag auch gegenüber seinen Erben.

Zur Untermiete bei der Partnerin

Zieht der Partner in die Mietwohnung seiner Liebsten, braucht es keine Unterschrift in ihrem Mietvertrag. Der Vermieter ist aber – nur schon aus Höflichkeit – sofort über den Neuzuzug zu informieren. Ob es auch ohne Abschluss eines Untermietvertrags eine formelle Bewilligung des Vermieters braucht, ist unter Juristen umstritten.

Bewilligung des Vermieters – reine Formsache Sehr zu emp-fehlen ist es ohnehin, einen schriftlichen Untermietvertrag abzu-schliessen. Dafür braucht es immer die Zustimmung des Vermieters. Dies ist aber in der Regel eine reine Formsache. Der Vermieter darf sein Zustimmung nämlich nur verweigern, wenn:

— seine Mieterin ihm den Inhalt des Untermietvertrags nicht bekannt gibt.

— der Untermietvertrag im Vergleich zum Hauptmietvertrag missbräuchlich ist.

— ihm aus der Untermiete wesentliche Nachteile entstehen.

Missbräuchlich ist ein Untermietvertrag, wenn die Untervermieterin von ihrem Untermieter einen Mietzins verlangt, der 30 bis 40 Pro-zent über ihrem eigenen liegt. Ein wesentlicher Nachteil entsteht dem Vermieter, wenn die Wohnung überbelegt ist. Er muss also zum Beispiel nicht akzeptieren, dass ein Studio, das nur für eine Person vorgesehen ist, von zwei oder mehr Personen bewohnt wird.

Mietrecht gilt auch für den Untermietvertrag Mit dem Untermietvertrag befolgen Untervermieterin und Untermieter die Regeln des Mietrechts. Insbesondere gilt eine minimale Kündigungsfrist von drei Monaten – ausser der einziehende Lebenspartner mietet nur ein möbliertes Zimmer, was ja selten der Fall ist. Diese Fristen sind auch bei einer allfälligen Mietzinserhöhung zu beachten.

Zwischen dem Hauptvermieter und dem Untermieter besteht dagegen keine vertragliche Bindung. Zahlt die Untervermieterin zum Beispiel keine Miete mehr, kann der Hauptvermieter nicht plötzlich den Untermieter belangen. Auf der anderen Seite kann der Untermieter gegen eine Kündigung des Hauptmietvertrags allein nichts unternehmen. Akzeptiert die Untervermieterin die Kündigung, muss der Untermieter mit ihr zusammen ausziehen, sobald die Kündigungsfrist des Hauptmietvertrags abgelaufen ist. Das gilt selbst dann, wenn die Kündigungsfrist laut Untermietvertrag noch läuft.

 Das Muster 2 im Anhang können Sie auch als Untermietvertrag verwenden.

Wenn Abmachungen fehlen

Fehlen klare Abmachungen und kommt es zum Trennungsstreit, sorgen sie garantiert für juristische Knacknüsse vom Feinsten. Ein Beispiel aus der Praxis des Beobachter-Beratungszentrums:

Nora wohnt im Eigenheim von Franco. Über eine Beteiligung an den Wohnkosten wurde nie gesprochen. Franco hat auch nie eine Miete von seiner Freundin verlangt. Nora hat immer sämtliche Haushaltsarbeiten erledigt. Ihr war klar, dass sie auf diese Weise ihren Beitrag an die Wohnkosten erfüllte. Für Franco war es einfach nur selbstverständlich, dass die Frau den Haushalt machte. Als sich Nora nach zwei Jahren in Urs verliebt, reagiert Franco zutiefst verletzt: Nora soll sofort ausziehen und 24 000 Franken Benutzungsgebühr für die vergangenen zwei Jahre nachzahlen.

Wie lösen die beiden den Konflikt? Weil sie keine Abmachung getroffen haben, gibt es verschiedene Möglichkeiten:

Juristische Lösung 1 – Mietvertrag nach Artikel 253 ff. OR: Gilt Nora als Mieterin, kann sie sich auf den gesetzlichen Kündigungsschutz des Mietrechts berufen und hat eine Kündigungsfrist von drei Monaten auf den nächsten ortsüblichen Termin. Auf der anderen Seite schuldet sie dann auch einen Mietzins. Mietrecht gilt nach der Rechtsprechung aber nur, wenn erstens Nora und Franco sich einig waren, dass die Benützung der Wohnung nicht gratis sei, und sie sich zweitens über die Höhe der Entschädigung geeinigt haben (BGE 119 II 347; ZR 102 N. 16). Lässt sich aus dem Verhalten der beiden wirklich schliessen, dass sie sich zumindest stillschweigend einig waren, dass Nora Miete in der Höhe des Wertes der geleisteten Hausarbeit bezahlt? Verbindlich entscheiden kann diese Frage nur das Gericht.

Juristische Lösung 2 – Gebrauchsleihe nach Artikel 305 ff. OR: Lässt sich nicht beweisen, dass beide von einer entgeltlichen Benutzung von Francos Wohnung ausgingen, liegt am ehesten eine Gebrauchsleihe vor. Dann kann Franco keine Entschädigung fordern, weil die Gebrauchsleihe immer gratis ist. Auf der anderen Seite gibt es auch keinen Kündigungsschutz für Nora. Theoretisch müsste sie deshalb sofort ausziehen. Franco sollte ihr aber für den Auszug zumindest eine angemessene Frist von etwa zwei Wochen einräumen.

Juristische Lösung 3 – faktisches Vertragsverhältnis nach Lehre und Praxis: Was, wenn zwar erwiesen ist, dass beide von einer entgeltlichen Benützung der Wohnung ausgingen, aber nicht klar ist, von welcher Miethöhe sie ausgingen? Dann besteht weder ein Mietvertrag noch eine Gebrauchsleihe, die Gerichte können aber ein sogenanntes faktisches Vertragsverhältnis annehmen. Das heisst, Franco kann eine Entschädigung fordern, und das Gericht legt fest, wie hoch diese ist und wie weit Nora ihre Haushaltsarbeit verrechnen darf.

Angesichts der unsicheren Rechtslage ist Nora und Franco von einem Gerichtsprozess abzuraten. Viel sinnvoller wäre es, sie könnten sich vernünftig einigen:

Beobachter-Lösung: Nora sucht sich sofort eine neue Bleibe. Ein weiteres Zusammenwohnen ist für beide unter diesen Umständen sowieso nicht mehr zumutbar. Wegen der strittigen Entschädigung holen sie Rat bei einer Budgetberatungsstelle. Auch im Nachhinein lässt sich mithilfe der Fachleute eine faire Beteiligung an den gemeinsamen Wohn- und Lebenskosten errechnen.

Mein + dein = unser?

Sie sind ein Herz und eine Seele? Das ist unbezahlbar. Vermeiden Sie aber bitte: «Mein ist auch dein.» Denn das kann teuer werden. Klüger ist es, wenn Sie Ihre Vermögenswerte getrennt halten und in einem Inventar dokumentieren. Die Romantik muss deswegen nicht zu kurz kommen!

Wenn zwei zusammenziehen, mag die Wohnung zwei Fernseher vertragen. Auch zwei Fonduerechauds können bei einer grossen Gästeschar nützlich sein. Zwei Esstische oder zwei Sofaecken sind aber in der Regel des Guten zu viel. Klären Sie am besten vor dem Einzug ins neue Heim, was mitdarf. Ist die Wohnungseinrichtung bestimmt, vergessen Sie auf keinen Fall, eine Hausratversicherung abzuschliessen oder die alte Police an die neue Wohnsituation anzupassen.

Zu viele Möbel, doppelter Hausrat

Über Geschmack lässt sich bekanntlich nicht streiten. Das wussten schon die alten Römer. Was also tun, wenn die Liebste unbedingt ihr gelbes Sofa im Wohnzimmer aufstellen will und der Schatz sich nicht von seinen kümmerlichen Zimmerpflanzen trennen kann? Eines ist klar: Nur Sie können dafür eine Lösung finden. Wohin aber mit den überflüssigen Einrichtungsgegenständen?

- Fragen Sie im Bekanntenkreis, wer was brauchen könnte.
- Brockenhäuser nehmen Ihnen saubere, intakte Gebraucht-
gegenstände zum Weiterverkauf ab.
- Über Online-Auktionen im Internet oder auf dem Flohmarkt
können Sie Ihre Ware direkt anbieten.
- Und man darf auch mal was wegwerfen. Achten Sie aber auf
eine korrekte Entsorgung. Ihre Gemeindekanzlei gibt darüber
gerne Auskunft.

Klarheit dank Inventar

Ist einmal geklärt, wer was in den gemeinsamen Haushalt einbringt,
lohnt es sich, die Eigentumsverhältnisse in einem Inventar festzu-
halten. Denn wenn Sie das nicht tun, riskieren Sie einiges. Sollte der
Partner einmal in Zahlungsschwierigkeiten stecken, könnten Gegenstände gepfändet werden, die ihm gar nicht gehören. Stirbt die Partnerin unerwartet, könnten ihre Erben Einrichtungsgegenstände beanspruchen, die er finanziert hat. Und sollte es doch einmal zur Trennung
kommen, kann plötzlich strittig sein, wem nun was gehört.

Ihr Inventar erstellen Sie am besten gleich zu Beginn Ihrer Part-
nerschaft und aktualisieren es laufend (siehe Anhang, Muster 3).
Behalten Sie auch die Kaufquittungen auf. Wie umfangreich das
Inventar sein soll, bestimmen Sie allein. Orientieren Sie sich am
besten am Zweck, den Sie damit erreichen wollen. Worum geht es
Ihnen?

- Bei Schulden des Partners sollen nur seine Sachen gepfändet
werden.
Im Hinblick auf eine mögliche Pfändung genügt es, wenn Sie
nur die wertvollen Gegenstände im Inventar aufführen.
Gegenstände ohne finanziellen Wert – zum Beispiel Ihre Foto-
alben – werden sowieso nicht gepfändet.
- Im Todesfall soll für die Erben der verstorbenen Partnerin
klar ersichtlich sein, was ihr gehörte und was nicht.

Für diesen Fall nehmen Sie auch diejenigen Gegenstände ins Inventar auf, die für Sie einen emotionalen Wert haben.
— Bei einer Trennung geht es manchmal gar nicht um die Sache selbst. Verletzte Gefühle können erbitterte Kämpfe um den Hausrat provozieren. Diejenigen Gegenstände, die Sie dem Partner, der Partnerin sowieso überlassen würden, können Sie im Inventar weglassen. Diejenigen, die Ihnen am Herzen liegen, listen Sie auf.

Gemeinsame Anschaffungen

Gemeinsame Anschaffungen gibt es im Leben eines Paares mehr als man denkt: die neue Küchenmaschine zum Beispiel oder der Staubsauger, ein neuer Teppich, die Zimmerpalme. Rechtlich begründen die Partner an diesen Dingen gemeinschaftliches Eigentum. Auch wenn Sie später nicht mehr wissen, wer nun was angeschafft hat, oder wenn Sie im Streitfall Ihr Eigentum nicht nachweisen können, wird gemeinschaftliches Eigentum angenommen.

Die juristischen Regeln für eine Teilung im Streitfall sind wenig praxistauglich (mehr dazu ab Seite 201). Vermeiden Sie deshalb am besten gemeinsame Anschaffungen – vor allem bei wertvollen Einrichtungsgegenständen oder Liebhabersachen. Sinnvoll ist es zum Beispiel, wenn der Partner das Ledersofa kauft und seine Lebensgefährtin dafür das abstrakte Gemälde zum Drüberhängen.

Klare Verhältnisse schaffen Möchten Sie Scherereien von allem Anfang an vermeiden? Dann können Sie Folgendes vorkehren:
— wenn möglich keine gemeinsamen Anschaffungen tätigen
— ein Inventar erstellen und es regelmässig anpassen
— im Inventar vereinbaren, welche Teilungsregeln für gemeinsames Eigentum gelten
— alle Kaufbelege aufbewahren
— Option Darlehen prüfen

Darlehensquittung

Kevin F. bestätigt, von Cornelia A. ein zinsloses Darlehen von 1000 Franken erhalten zu haben. Cornelia kann das Darlehen jederzeit mit einer Kündigungsfrist von drei Monaten zurückfordern.

Maur, 25. Januar 2010

Kevin F.   Cornelia A.

Wollen Sie von vornherein kein gemeinschaftliches Eigentum erwerben, Ihrem Partner aber trotzdem bei einer grösseren Anschaffung finanziell aushelfen, ist ein Darlehensvertrag die richtige Lösung. Ein ausführliches Muster finden Sie im Anhang (Muster 4). Sie können Ihren Partner aber auch eine einfache Darlehensquittung unterzeichnen lassen (siehe Kasten). Wenn Sie nichts anderes vereinbaren, ist das Darlehen unter Lebenspartnern nicht zu verzinsen und es kann mit einer Frist von sechs Wochen gekündigt werden.

💡 Denken Sie daran, die Versicherungssumme in Ihrer Hausratversicherung anzupassen, wenn Sie namhafte Neuanschaffungen tätigen.

Die Sachen des anderen mitbenutzen

Wohnen zwei zusammen, ist es ganz natürlich, dass sie ihre CDs auf seiner Hi-Fi-Anlage abspielt oder er sich die Tagesschau in ihrem Fernsehgerät anschaut. Wer macht sich da schon Gedanken über juristische Stolpersteine? Wenn Sie die Sachen des anderen mitbenutzen, brauchen Sie das meist auch nicht. Es gibt aber Ausnahmen:

🎬 **Tanja und ihre Tochter Mara** aus erster Ehe leben schon neun Jahre mit Raoul, dem neuen Lebenspartner der Mutter, zusammen. Vor einem Jahr hat Raoul einen DVD-Recorder gekauft, der in Maras Zimmer steht. Raoul stirbt überraschend an einem Herzinfarkt. Noch vor der Beerdigung lassen seine Erben ein behördliches Inventar aufnehmen und fordern die Herausgabe all seiner Habe – auch den DVD-Recorder. Tanja hielt den Recorder für ein Geschenk an Mara. Raouls Erben sagen, das Gerät sei nur ausgeliehen.

Monika fährt seit vier Jahren mit Freds Auto zur Arbeit. Fred benützt es nur noch selten. Deshalb ist der Wagen auch auf Monika eingelöst und sie bezahlt alle Kosten. Als Fred aus der gemeinsamen Wohnung auszieht, will ihm Monika sein Auto nicht herausgeben.

Für solch spezielle Fälle lohnt es sich vorzusorgen. Schaffen Sie untereinander klare Verhältnisse: Halten Sie fest, ob eine Schenkung gewollt ist oder ob der andere die Gegenstände nur nutzen darf. Überlassen Sie wie Fred im Beispiel Ihr Auto der Liebsten zum Gebrauch, können Sie dies mit ein paar wenigen Zeilen als Leihvertrag festhalten (siehe Kasten).

Leihvertrag

Fred M. überlässt seiner Lebenspartnerin Monika H. sein Auto gratis zum Gebrauch. Monika löst den Wagen auf ihren Namen ein und bezahlt sämtliche Versicherungen. Wohnen Fred und Monika nicht mehr zusammen, ist Monika verpflichtet, Fred das Auto auf erstes Verlangen herauszugeben.

Fred hat Monika die von ihr im Voraus bezahlten Autoversicherungsprämien pro rata temporis ab Rückgabe des Autos bis zum Ablauf der Laufzeiten zurückzuerstatten.

Ottenbach, 25. März 2010

Fred M.   Monika H.

Versicherungen anpassen

Die Schweizer gehören zu den am besten versicherten Menschen überhaupt. Auf die eine oder andere Police kann man durchaus verzichten, die Hausrat- und Haftpflichtversicherung aber ist ein Muss. Als Konkubinatspaar können Sie sich in der gleichen Police versichern lassen. Die einen Versicherer stellen eine Einzelversicherung auf einen von Ihnen aus, in der der Name des Partners erwähnt ist. Bei anderen Gesellschaften erhalten Sie eine Familienversicherung mit dem Hinweis auf das Konkubinat.

Verfügen Sie und Ihr Partner, Ihre Partnerin bereits beide über eine Hausrat- und/oder Haftpflichtversicherung, prüfen Sie mit den Versicherern, wie Sie möglichst rasch die Policen anpassen können. Rechnen Sie auch kurz durch, bei welchem Anbieter Sie günstiger wegkommen. Das Konkubinat ist zwar kein rechtlich anerkannter Kündigungsgrund, und manche Versicherer mögen vorerst auf der vertraglichen Kündigungsfrist beharren. Nach den Erfahrungen des Beobachter-Beratungszentrums lohnt sich aber hartnäckiges Nachfragen.

Die Hausratversicherung Diese Police versichert den Hausrat gegen Feuer, Explosion, Wasserschäden und Einbruchdiebstahl. Egal, ob Sie bei der Partnerin einziehen oder Sie beide eine neue Wohnung nehmen – jetzt ist die Gelegenheit, die Versicherungssumme richtig zu bestimmen. Vermeiden Sie eine Über- oder Unterversicherung. Ist die Summe zu hoch, zahlen Sie zu viel Prämien und erhalten im Schadenfall trotzdem nicht mehr als den wirklichen Wert der zerstörten Gegenstände. Schlimmer noch bei einer Unterversicherung: Wenn der Hausrat zu niedrig versichert ist, wird die Versicherungsleistung im Schadenfall proportional gekürzt.

Daria und Sebastian haben Hausrat im Wert von 300 000 Franken. Ihre Versicherungspolice lautet aber nur auf 150 000 Franken. Bei einem Einbruch wird der neue Laptop gestohlen, dazu die teure Fotoausrüstung. Wert insgesamt 4400 Franken. Die Versicherung übernimmt wegen Unterdeckung nur 2200 Franken.

Von Ihrer Versicherungsgesellschaft erhalten Sie ein hilfreiches Formular, mit dem sich die richtige Versicherungssumme zuverlässig errechnen lässt.

Die Haftpflichtversicherung In der Regel wird die Privathaftpflichtversicherung mit der Hausratversicherung zusammen in der gleichen Police abgeschlossen. Die Haftpflichtversicherung kommt für Schäden auf, die Sie einer Drittperson zufügen. Versichert sind sowohl Sach- wie auch Personenschäden. Häufige Sachschäden sind die sogenannten Mieterschäden. Haben Sie zum Beispiel aus Unachtsamkeit das Lavabo in der Mietwohnung beschädigt, deckt Ihre Privathaftpflichtversicherung diesen Schaden. Wichtiger aber ist die Versicherung für den Fall, dass Sie einen anderen Menschen ernsthaft verletzen. Dann kann der Schaden in die Millionen gehen.

Raffaela reitet auf dem Feldweg an einer Familie vorbei. Weil sie das Pferd nicht im Griff hat, schlägt es aus und trifft den jungen Familienvater so unglücklich, dass dieser Zeit seines Lebens nicht mehr wird arbeiten können. Als selbständiger Werbetexter hat er keine Unfallversicherung, die den Erwerbsausfall übernehmen würde. Raffaela haftet für den Schaden, nur: Wie soll sie den Lebensunterhalt für eine ganze Familie bezahlen? Zum Glück für den Verunfallten – und auch für sie selbst – hat sie eine Haftpflichtversicherung abgeschlossen, die den Schaden übernimmt.

Mit einem durchschnittlichen Einkommen lassen sich solche Schäden gar nicht selber bezahlen. Deshalb ist die Privathaftpflichtversicherung so wichtig; verschiedene Versicherungsexperten sagen, sogar wichtiger als die Krankenkasse. Das Risiko, auf einen Schlag mit hohen Kosten konfrontiert zu werden, ist bei einem Haftpflichtfall grösser als bei einer Krankheit.

Achten Sie auf eine genügend hohe Deckung. Mit einer Schadenssumme von fünf Millionen sind auch Fälle wie der im Beispiel beschriebene abgedeckt.

Versicherungen fürs Auto Hat Ihr Partner bereits ein Auto, das nun auch von Ihnen gefahren wird, müssen Sie der Versicherung unbedingt melden, wer mit dem Wagen fährt und wer häufigster Lenker ist. Ansonsten verletzen Sie Ihre Anzeigepflicht und laufen Gefahr, dass in einem Schadenfall die Leistungen gekürzt werden. Schummeln lohnt sich nicht. Wird beispielsweise die Partnerin fälschlicherweise als häufigste Lenkerin angegeben, weil sie tiefere Prämien erhält, muss die Versicherung nicht zahlen, wenn der Partner einen Unfall verursacht.

Q Wenn Sie eine neue Versicherung abschliessen: Behalten Sie unbedingt eine Kopie des Antrags und kontrollieren Sie bei Erhalt der Police, ob die Lenker darin richtig vermerkt sind.

Das gilt für binationale Paare

Sie haben sich in den Ferien in den Tauchlehrer verliebt? Die Liebe wächst von Aufenthalt zu Aufenthalt und Sie wollen Ihrem Schatz Ihre Heimat zeigen oder möchten mit ihm zusammen in der Schweiz leben?

Stammt Ihr Partner aus einem EU- oder EFTA-Land, kann er problemlos als Tourist einreisen und später eine Aufenthaltsbewilligung beantragen. Ist er Bürger eines anderen Staates, wirds kompliziert. Je nach Herkunft ist dann nicht einmal ein Kurzaufenthalt möglich. Bessere Chancen hat ein gleichgeschlechtliches Paar. Lässt es seine Partnerschaft eintragen, steht dem ausländischen Partner ein Aufenthaltsrecht zu (siehe Seite 143).

Einreise und Aufenthalt in der Schweiz

In der Schweiz gilt für Ausländerinnen und Ausländer ein Zweiklassensystem: Menschen aus der Europäischen Union (EU) und der EFTA haben eine bessere Rechtsstellung als Bürgerinnen und Bürger aus anderen Ländern, den sogenannten Drittstaaten. Denn mit der EU hat die Schweiz bilaterale Verträge abgeschlossen, die auch ein Personenfreizügigkeitsabkommen enthalten.

Kein Problem für Partner aus der EU Bürgerinnen und Bürger von EU- und EFTA-Staaten können jederzeit als Gäste oder Touristen in die Schweiz einreisen. Sie können pro Jahr zweimal drei Monate in der Schweiz bleiben, jeweils mit einem Unterbruch von mindestens einem Monat. Für die Einreise reicht der Reisepass oder der Personalausweis. Achtung: Als Tourist darf man in der Schweiz nicht arbeiten.

Möchten Sie dauerhaft mit Ihrem Partner, Ihrer Partnerin in der Schweiz leben, braucht es eine Aufenthaltsbewilligung. Das Abkommen mit der EU nennt dafür verschiedene Aufenthaltszwecke. Im Vordergrund stehen die Bewilligungen für Erwerbstätige. Eine solche erhält der Partner problemlos, wenn er einen Arbeitsvertrag vorweisen kann. Wer nicht zum Arbeiten in die Schweiz kommt, muss nachweisen, dass er genügend finanzielle Mittel hat, um nicht etwa der Sozialhilfe zur Last zu fallen. Zudem brauchen alle eine Kranken- und Unfallversicherung.

 Beim Bundesamt für Migration erhalten Sie weitere Informationen (www.bfm.admin.ch).

Menschen aus Drittstaaten sind benachteiligt Stammt die Partnerin nicht aus dem EU-/EFTA-Raum, sondern beispielsweise aus Argentinien, wird ein Zusammenleben in der Schweiz schwierig. Eine spezielle Aufenthaltsbewilligung für Konkubinatspartner gibt es nicht. Die ausländische Freundin aus einem Nicht-EU-Land kann für höchstens drei Monate als Gast zu Besuch in die Schweiz kommen. Diese kurze Zeit muss genügen, um die Schweiz und die neue Familie kennenzulernen. Wenn Sie nachweisen können, dass Sie die Beziehung ein paar Jahre lang intensiv gepflegt haben und dass es aus einem plausiblen Grund unmöglich ist zu heiraten, können Sie für Ihre ausländische Partnerin allenfalls ausnahmsweise eine Aufenthaltsbewilligung erhalten. Solche Gesuche müssen jedoch sehr gut begründet und dokumentiert werden.

Ansonsten ist eine Aufenthaltsbewilligung praktisch nur zum Zweck der Erwerbstätigkeit oder für junge Leute zum Besuch einer Schule oder zum Studieren erhältlich.

Aus Drittstaaten werden aber nur gut qualifizierte oder spezialisierte Arbeitskräfte in den Schweizer Arbeitsmarkt hereingelassen. Voraussetzung ist zudem, dass sich in der Schweiz und in der EU keine geeignete Arbeitskraft findet. Sonderregelungen bestehen für bestimmte Branchen wie Tourismus, Landwirtschaft, Gesundheitswesen, Transportwesen, Kultur oder Sport.

Damit die Partnerin eine Aufenthaltsbewilligung zum Schulbesuch erhält, muss sie eine Ganztagesschule besuchen. Sie muss pro Woche mindestens 20 Unterrichtsstunden belegen und sprachlich dem Unterricht folgen können. Die Ausbildung muss mit einem Diplom oder einem Fähigkeitszeugnis abgeschlossen werden. Studierende müssen eine Bestätigung des Studienplatzes und ein genaues Studienprogramm vorlegen, aus dem das Ausbildungsziel (Master, Doktorat usw.) ersichtlich ist. Und für beide Aufenthaltszwecke – Schule und Studium – wird ein Nachweis verlangt, dass genügend finanzielle Mittel für die ganze Dauer des Aufenthalts vorhanden sind.

Wenn nur noch heiraten hilft

Stammt Ihr Freund aus einem Land ausserhalb des EU-/EFTA-Raums, hat er keinen Anspruch auf eine Aufenthaltsbewilligung in der Schweiz. Je nach Herkunftsland ist nicht einmal eine Einreise als Gast oder Tourist möglich.

Nadja verliebt sich in den Ferien in den ägyptischen Hotelangestellten Raduan und umgekehrt. Sie reist mehrmals in den Ferien nach Ägypten, um ihren Schatz zu besuchen. Damit das Paar auch einmal den Alltag zusammen erleben kann, lädt Nadja Raduan als Gast in die Schweiz ein. Doch trotz ihrer Garantie, finanziell für den Freund aufzukommen, verweigern die Schweizer Behörden das Einreisevisum.

Die beiden sind kein Einzelfall. Ein Rekurs bei den Behörden hat in der Regel wenig Aussicht auf Erfolg. Zudem ist mit Verfahrenskosten von rund 600 Franken zu rechnen. Vielen binationalen Paaren bleibt als einziger Ausweg die Heirat. Denn Ehepartner von Schweizer Bürgern oder von in der Schweiz Niedergelassenen haben grundsätzlich einen Anspruch auf eine Aufenthaltsbewilligung in der Schweiz.

Integration und Heimatanschluss

Wer dauerhaft in der Schweiz lebt, soll sich so gut wie möglich integrieren können. Von den Zugewanderten wird einerseits erwartet, dass sie sich um ihre Integration bemühen und die hiesigen Regeln und Gesetze einhalten. Andererseits ist es auch für den ausländischen Partner angenehmer, wenn er sich mit den Gepflogenheiten der neuen Heimat auskennt.

Integration ist auch wichtig im Hinblick auf eine spätere Einbürgerung. Dafür sind in erster Linie die Gemeinden und Kantone zuständig; der Bund legt nur die Rahmenbedingungen fest. Unter anderem wird eine erfolgreiche Eingliederung in die schweizerischen Verhältnisse sowie ein Vertrautsein mit den schweizerischen Lebensgewohnheiten, Sitten und Gebräuchen verlangt.

Hilfreich für eine rasche Integration ist natürlich der Austausch mit Arbeitskollegen. Aber auch das Mitmachen in einem Verein kann sehr wertvoll sein. Warum nicht beim lokalen Damenturnverein oder in der Kompostgruppe erste Kontakte knüpfen? Sehr zu empfehlen sind Sprachkurse. Je schneller Ihr Partner, Ihre Partnerin sich in der hiesigen Sprache verständigen kann, desto besser. Das macht auch das Leben im Freundes- und Bekanntenkreis einfacher.

Laufend zu übersetzen, ist mühsam, und selbst wenn die Tischrunde die Sprache der Freundin spricht, verfällt man doch immer wieder ins Schweizerdeutsche, und schon ist sie ausgeschlossen. Das liegt jeweils nicht am bösen Willen, sondern passiert einfach – was es für die Liebste aber nicht besser macht.

Die eigene Heimat nicht vergessen Genauso wichtig wie eine rasche Integration ist der Kontakt zur angestammten Heimatwelt. Getrennt von der Familie, den Freunden und der eigenen Sprache, kann es guttun, ab und zu mit Landsleuten in der Schweiz zusammenzukommen und sich auszutauschen. Hilfreich ist der Kontakt zu einem entsprechenden Ausländerverein. Ihre Gemeinde ist Ihnen bei der Suche nach der richtigen Adresse behilflich.

Sozialversicherungen auch für Ausländer

Das Netz der schweizerischen Sozialversicherungen trägt zu grossen Teilen auch Ausländerinnen und Ausländer. Vorausgesetzt, sie melden sich bei den verschiedenen Versicherungen an.

— Die gesamte Wohnbevölkerung der Schweiz ist obligatorisch bei der AHV/IV gegen die Risiken Alter, Invalidität und Tod versichert. Ist die ausländische Partnerin in der Schweiz erwerbstätig, läuft diese Versicherung über den Arbeitgeber. Ist sie nicht berufstätig, muss sie sich selber bei der AHV anmelden und die Beiträge abrechnen.

— Auch die Krankenversicherung ist obligatorisch. Die Anmeldung bei einer Krankenkasse muss innert drei Monaten ab Wohnsitznahme in der Schweiz erledigt sein.

- Bei der Unfallversicherung sind alle Arbeitnehmenden obligatorisch für Berufsunfälle versichert. Arbeitet der ausländische Partner mehr als acht Stunden pro Woche beim selben Arbeitgeber, sind auch Freizeitunfälle abgedeckt. Dann kann er die Unfalldeckung bei der Krankenkasse ausschliessen und ein paar Prämienfranken sparen.

- In der Pensionskasse (BVG) versichert sind Arbeitnehmende, deren Jahreslohn mehr als 20 520 Franken beträgt (Stand 2010). Die zweite Säule versichert ebenfalls die Risiken Alter, Invalidität und Tod.

- Bei der Arbeitslosenversicherung sind nur Angestellte versichert. Ein Bezug von Arbeitslosentaggeld ist aber grundsätzlich erst nach einer Erwerbstätigkeit von einem Jahr möglich.

 Ausführliche Informationen finden Sie in den Merkblättern der AHV, erhältlich unter www.ahv-iv.info oder bei jeder AHV-Ausgleichskasse sowie beim Bundesamt für Sozialversicherung (www.bsv.admin.ch).

Das Leben zu zweit

Nach all der Aufregung rund ums Zusammenziehen
tut es gut, endlich den Alltag mit seinem Schatz zu leben.
In diesem Kapitel finden Sie Anregungen, wie Sie mit
den alltäglichen Reibungsflächen umgehen, wie man ein
Haushaltsbudget erstellt, was Sie vorkehren können,
wenn eine Seite die Erwerbstätigkeit reduziert, und viele
weitere Hinweise für eine gute gemeinsame Zukunft.

Der Alltag kehrt ein

Ob Sie nun frisch verliebt in ein gemeinsames Heim einziehen oder sich schon länger kennen, zusammen wohnen heisst auch den Alltag zusammen erleben. Dazu gehören viele schöne Dinge, zum Beispiel die Freunde oder die Familie am gemeinsamen Tisch zu bewirten. Der Alltag bietet aber auch Reibungsflächen.

Grundrezept für tragfähige Partnerschaften

Die deutsche Forschungsgemeinschaft und die Abteilung Psychologie der Universität München haben 663 in erster Ehe verheirateten Paaren die Frage gestellt: «Was hält Ihre Ehe zusammen?» Die Antworten, dargestellt in der folgenden Grafik, sind auch für Konkubinatspaare interessant.

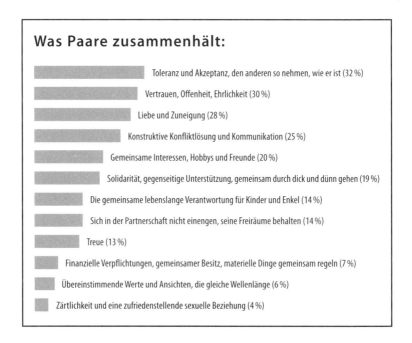

Was Paare zusammenhält:

Toleranz und Akzeptanz, den anderen so nehmen, wie er ist (32 %)

Vertrauen, Offenheit, Ehrlichkeit (30 %)

Liebe und Zuneigung (28 %)

Konstruktive Konfliktlösung und Kommunikation (25 %)

Gemeinsame Interessen, Hobbys und Freunde (20 %)

Solidarität, gegenseitige Unterstützung, gemeinsam durch dick und dünn gehen (19 %)

Die gemeinsame lebenslange Verantwortung für Kinder und Enkel (14 %)

Sich in der Partnerschaft nicht einengen, seine Freiräume behalten (14 %)

Treue (13 %)

Finanzielle Verpflichtungen, gemeinsamer Besitz, materielle Dinge gemeinsam regeln (7 %)

Übereinstimmende Werte und Ansichten, die gleiche Wellenlänge (6 %)

Zärtlichkeit und eine zufriedenstellende sexuelle Beziehung (4 %)

Köche und Köchinnen wissen: Rezepte allein sind keine Garantie für ein gelungenes Mahl. Kochen muss man selber. Manchmal gelingt es auf Anhieb, und manchmal schmeckts doch nicht so toll. Dann ändert man vielleicht etwas an der Zusammensetzung oder probiert das nächste Rezept aus. Hauptsache, Sie bleiben dran!

Haushalten ohne Spannungen

Männer leisten im Durchschnitt pro Woche 7,2 Stunden Hausarbeit. Die Frauen schlagen die Männer in dieser Domäne auch im 21. Jahrhundert immer noch deutlich mit 20,4 Stunden (Quelle: Umfrage des Gottlieb Duttweiler Instituts im Februar 2006). Ist das bei Ihnen auch so?

Egal, wer lieber, besser oder mehr haushaltet, sprechen Sie sich ab, ob und wie diese Leistung entschädigt sein soll. Suchen Sie sich aus, was für Ihre Verhältnisse am besten passt. Seien Sie aber ehrlich. Wollen und können Sie wirklich jeden Samstag drei Stunden im Haushalt werkeln? Ist das unrealistisch oder zeigt sich im Nachhinein, dass die guten Vorsätze in der Praxis nicht klappen, passen Sie Ihr Arrangement rasch an. Es gibt unzählige Möglichkeiten:

 Hannes und Birgit teilen die Hausarbeit auf: Eine Woche putzt Hannes, die andere Woche Birgit.

Bei Georg und Hanna wird anders aufgeteilt: Er ist fürs Putzen und Waschen zuständig, sie macht die Einkäufe, kocht und bügelt.

Antonias Hausarbeit wird mit 25 Franken pro Stunde taxiert und im Haushaltsbudget entsprechend berücksichtigt.

Kerstin macht die Hausarbeit gerne allein und erwartet keine Entschädigung.

Rahel und Marco leisten sich eine Putzfrau.

Wer macht was im Haushalt?

Wissen Sie überhaupt, wer von Ihnen wie viele Stunden pro Woche im Haushalt arbeitet? Der folgende Fragebogen soll Ihnen helfen, Ihre Arbeitsbelastung realistisch einzuschätzen. Füllen Sie den Fragebogen am besten unabhängig voneinander aus und vergleichen Sie das Resultat. Das Ergebnis soll Ihnen als Grundlage für eine faire Vereinbarung über die Aufteilung der Haushaltsarbeiten oder für eine Entschädigung dienen.

Wöchentlicher Arbeitsaufwand im Haushalt

Tätigkeit	Arbeitsaufwand in Minuten	
	Olivia	Elias
Einkaufen		
Kochen		
Abwaschen und Küche nach dem Kochen aufräumen		
Wohnung aufräumen und putzen		
Kleider waschen		
Bügeln		
Handwerkliches, Handarbeiten		
Müll, Glas, Metall, Kompost usw. entsorgen		
Haustier betreuen		
Pflanzen pflegen, Gartenarbeiten		
Andere Arbeiten im Haushalt		
Aufwand pro Woche total		

Lohn für die Hausarbeit?

Kümmert sich die Partnerin (oder der Partner) überwiegend allein um den Haushalt und allenfalls noch um die Kinder des Partners und hat sie dafür sogar ihre Erwerbstätigkeit reduziert, wäre es korrekt, wenn sie vom Partner für ihre Dienstleistungen Lohn erhalten würde. Auf diesem Lohn sind auch die Sozialversicherungsbeiträge zu entrichten. Das braucht es:

— Anmeldung bei der AHV
— Anmeldung bei der Pensionskasse (Auffangeinrichtung BVG, Adresse im Anhang), falls der Jahreslohn 20 520 Franken übersteigt (Stand 2010)
— Abschluss einer Unfallversicherung

Zugegeben: Diese Umtriebe sind auf den ersten Blick lästig. Dafür erleidet die haushaltführende Partnerin keine oder doch weniger Einbussen bei ihrer Altersvorsorge. Die automatische Absicherung über die AHV, die früher für haushaltführende Konkubinatspartner galt, gibt es nämlich nicht mehr. 1999 hat das Eidgenössische Versicherungsgericht seine bisherige Praxis aufgegeben: Ohne Arbeitsvertrag gilt die Partnerin, die den Haushalt macht, heute als Nichterwerbstätige und muss deshalb selber für ihre AHV-Beiträge aufkommen (BGE 125 V 205).

Auch wenn eine Seite mehr als nur ihren Anteil an der Hausarbeit verrichtet, wird in der Praxis nicht automatisch angenommen, dass ein Arbeitsvertrag vorliegt. Ohne entsprechende Vereinbarung gelten solche Arbeiten als kostenlose Gefälligkeitshandlungen.

Klarheit schaffen Sie nur mit einem schriftlichen Arbeitsvertrag. Und selbstverständlich hat der Lohnempfänger seinen Lohn als Einkommen zu versteuern (mehr zum Arbeitsvertrag auf Seite 72).

Entschädigung der Hausarbeit durch Naturalien Die Entschädigung für Haushaltsarbeiten muss nicht zwingend eine Geldzahlung sein. Möglich sind auch andere Gegenleistungen, sogenannte Naturalien – zum Beispiel:

— Wohnrecht in der Liegenschaft der Partnerin

— tieferer Mietzinsanteil

— reduzierter Anteil an den Haushaltskosten oder Befreiung davon

— Befreiung von den anteilmässigen Kosten für die Putzfrau

In zahlreichen Paarhaushalten mag die eine oder andere Lösung stillschweigend so praktiziert werden. Auch eine derartige stillschweigende Praxis ist rechtlich ein Vertrag. Egal, ob Sie und Ihr Partner, Ihre Partnerin sich dessen bewusst sind.

Wir leisten uns eine Putzfrau

Vor allem wenn Sie beide intensiv berufstätig sind, ist eine Putzhilfe Gold wert. Sie genieren sich, wenn jemand anderes Ihren Dreck wegputzt? Schauen Sie das Ganze doch mal aus einem anderen Blickwinkel an: Wer eine Putzfrau anstellt, schafft einen Arbeitsplatz und hilft so mit, die Wirtschaft in Schwung zu halten!

Darum, wenn das Budget es zulässt: Leisten Sie sich eine Putzfrau! Für einen durchschnittlichen Zweipersonenhaushalt müssen Sie mit rund drei Stunden wöchentlicher Putzarbeit rechnen, was auf 300 bis 400 Franken pro Monat zu stehen kommt. Achten Sie aber darauf, dass Ihre Putzfrau eine Arbeitsbewilligung hat, und dulden Sie keine Schwarzarbeit. Das bisschen Papierkram zahlt sich aus. Sie brauchen:

— einen schriftlichen Arbeitsvertrag (siehe nächste Seite). Zeitaufwand: 15 Minuten

— eine Versicherung gegen Betriebsunfall. Kosten: 100 Franken pro Jahr. Die Versicherung schliessen Sie bei einem privaten Unfallversicherer ab. Diese haben eigens dafür zugeschnittene

Arbeitsvertrag für die Putzfrau

In Abänderung des kantonalen Normalarbeitsvertrags vereinbaren wir, was folgt:

Frau Maria S. putzt unsere Wohnung jeden Dienstag während drei Stunden. Während ihrer Ferien sowie während der Ferien des Arbeitgebers fallen die Putztage entschädigungslos aus.

Frau S. erhält folgenden Lohn:

Lohn pro Stunde	Fr. 23.50
Ferienentschädigung (entspricht 5 Wochen bezahlter Ferien)	Fr. 2.50
Total brutto	Fr. 26.00
abzüglich AHV/ IV/ALV/ EO (6,05 %)	– Fr. 1.55
auszuzahlender Nettolohn	Fr. 24.45

Kann Frau S. wegen Krankheit oder Unfall nicht arbeiten, erhält sie den Lohn nach den Bestimmungen des Obligationenrechts weiterbezahlt (Art. 324a/b OR).

Frau S. hat folgendes Pflichtenheft:

Jede Woche
— Bad und WC: Badewanne, Lavabo und WC reinigen, Boden feucht aufnehmen
— Küche: Küchenabdeckung und Schränke aussen reinigen, Herdplatte und Schüttstein reinigen, Boden feucht aufnehmen
— Übrige Zimmer: abstauben und staubsaugen

Einmal pro Monat
— Küche: Kühlschrank putzen
— Übrige Zimmer: Parkettböden feucht aufnehmen

Einmal pro Jahr (nach Absprache)
— Alle Zimmer: Fenster putzen
— Küche: Backofen reinigen

Köniz, 17. März 2010
Hermann U.   Maria S.

Policen. Zeitaufwand für die telefonische Bestellung, Durchsicht der Police und Unterschrift: 20 Minuten

— Anmeldung bei der AHV. Details erfahren Sie unter www.ahv-iv.info oder bei jeder AHV-Ausgleichskasse (Adressen im Telefonbuch auf den letzten Seiten). Zeitaufwand: 30 Minuten

— einmal jährlich AHV-Beiträge abrechnen und den Lohnausweis für die Steuern ausfüllen. Für beides gibt es Formulare. Zeitaufwand: je 15 Minuten

— einmal monatlich die Lohnabrechnung erstellen. Zeitaufwand: 5 Minuten

Für Hausangestellte besteht ein vom Kanton herausgegebener Normalarbeitsvertrag (NAV) mit Bestimmungen über den Abschluss, den Inhalt und die Beendigung des Arbeitsverhältnisses. Diese Bestimmungen gelten auch für Ihre Anstellung einer Putzkraft, Sie können sie aber im Arbeitsvertrag abändern und präzisieren. Den NAV erhalten Sie bei der kantonalen Verwaltung.

Budgetfragen

Die Budgetierung und gerechte Aufteilung der gemeinsamen Lebenskosten ist nicht einfach. Trotzdem kommt kein Paar darum herum, dieses Thema zu besprechen. Am besten ist es, Sie treffen schon beim Zusammenziehen verbindliche Abmachungen, wer wie viel in die Haushaltskasse zahlt, wer sich in welchem Umfang an der Haushaltsführung und/oder Kinderbetreuung beteiligt und wie solche Leistungen zu gewichten sind.

Hilfreich sind die Budgetbeispiele der Budgetberatung Schweiz (Adresse im Anhang). Mithilfe der Merkblätter können Sie Ihr Budget selber fachmännisch erstellen. Die Stelle bietet aber auch eine kostengünstige persönliche Beratung an.

Was kostet unser Haushalt?

Um eine faire Verteilung der Haushaltskosten zu erreichen, muss man zuerst die relevanten Zahlen kennen. Wie hoch die Wohnungskosten sind, wissen die meisten aus dem Stegreif. Mit welchen Beträgen die Energiekosten, die Ausgaben für Nahrungsmittel oder für die Zeitungs- und Zeitschriftenabos monatlich zu Buche schlagen, weiss man dann nicht mehr so genau. Ein sorgfältig erstelltes Budget verschafft den nötigen Durchblick.

 Bevor Sie ein Budget erstellen, lohnt es sich, einen Monat lang alle Quittungen aufzubewahren.

Definieren Sie zuerst, welche Ausgaben Sie überhaupt in Ihrem gemeinsamen Haushaltsbudget berücksichtigen wollen. Je nach Lebenssituation werden das mehr oder weniger Posten sein. Bei einem Doppelverdienerpaar ohne Kinder reicht es meist, nur die Wohn- und Haushaltskosten ins Budget aufzunehmen:

— Miet- oder Hypothekarzins inklusive Nebenkosten

— Strom, Gas, Wasser

— Gebühren für Telefon, Radio / TV und Internet

— Hausrat- und Privathaftpflichtversicherung

— Auslagen für Nahrungsmittel und Getränke, Wasch- und Putzmittel

Für ein Paar mit gemeinsamen Kindern kann es zweckmässiger sein, wenn alle Ausgaben der Familie im Haushaltsbudget enthalten sind, also zum Beispiel auch die Steuern oder die Rückstellungen für Ferien. Im Kasten auf der nächsten Seite finden Sie als Orientierungshilfe eine Checkliste mit diversen Budgetposten. Picken Sie sich die Positionen heraus, die für Ihre Situation passen.

Haben Sie entschieden, welche Posten zu Ihrem gemeinsam zu tragenden Haushaltsbudget gehören, gilt es in einem zweiten Schritt, eine faire Aufteilung unter den Partnern zu finden.

Checkliste Budget:

Wohnen
— Mietwohnung: Zins und Nebenkosten wie Heizung, Warmwasser
— Eigenheim: Hypothekarzins, Heizkosten, Wasser- und Abwasser-
   gebühren, Gebäudeversicherung, Unterhalt und Reparaturen
— Strom, Gas
— Gebühren für TV/Radio, Telefon und Internetanschluss
— Gesprächskosten Telefon Festnetz
— Gesprächskosten Handy

Versicherungen und Vorsorge
— Hausrat- und Privathaftpflichtversicherung
— Lebensversicherung
— Andere Versicherungen
— Vorsorge über die 3. Säule

Lebensbedarf
— Ernährung
— Wasch- und Putzmittel
— Körperpflege
— Kosten für Wäscherei, chemische Reinigung

Transport
— Leasingraten fürs Auto
— Autoversicherungen und -abgaben
— Kosten fürs Benzin
— Miete für Garage, Abstellplatz
— Servicekosten, Reparaturen
— Kosten für den öffentlichen Verkehr, Halbtaxabo, GA

Gesundheitskosten
— Krankenkassenprämien
— Zahnarzt
— Selbstbehalt für Arztkosten und Medikamente

Berufsauslagen
— Auswärtige Verpflegung
— Berufskleidung

Steuern
— Bundes-, Kantons- und Gemeindesteuern
— Militärpflichtersatz

Haustiere und Kulturelles
— Kosten fürs Haustier wie Futter, Tierarzt
— Zeitungs- und Zeitschriftenabonnemente
— Mitgliederbeiträge für Vereine
— Weiterbildung

Hobby und andere persönliche Auslagen
— Coiffeur, Kosmetikerin
— Auslagen für Hobby und Ausgang
— Rauchen
— Bekleidung
— Taschengeld

Kinder
— Kinderbetreuungskosten
— Bekleidung
— Kosten für Schulung
— Auslagen für Sport, Musikunterricht usw.

Diverses
— Ferien
— Kosten für gemeinsame Ausflüge
— Rückstellungen für geplante Anschaffungen
— Sparen
— Unvorhergesehenes

Gemeinsame Kosten fair aufteilen

Verdienen Sie beide ungefähr gleich viel und teilen Sie sich die Haushaltsarbeiten, werden Sie in der Regel die gemeinsamen Kosten halbieren. Bei spürbaren Unterschieden der Einkommen könnten die Kosten proportional zu den Löhnen aufgeteilt werden. Kümmert sich Ihr Partner mehrheitlich um den Haushalt und allenfalls die

Kinder, können Sie den Wert seiner Leistung in Geld beziffern und im gemeinsamen Haushaltsbudget berücksichtigen. Die Budgetberatung Schweiz empfiehlt dafür eine Entschädigung zwischen 20 und 25 Franken pro Stunde. Welche Aufteilung für Sie die richtige ist, entscheiden Sie selbst. Die folgenden zwei Beispiele zeigen Ihnen, welche Überlegungen Sie zum gerechten Schlüssel führen.

 **Duska und Jürg** haben keine Kinder und verdienen beide sehr gut. Da Duska nur 80 Prozent berufstätig ist, hat sie aber netto pro Monat 1500 Franken weniger. Die beiden vereinbaren, ihre Haushaltskosten trotzdem je zur Hälfte zu tragen. Jürg übernimmt alle Ausgaben für die Putzfrau. Dies als Kompensation, weil Duska sich um die Hausarbeit, die nicht von der Putzfrau erledigt wird, allein kümmert. Duska und Jürg zählen folgende Ausgaben zum gemeinsamen Haushaltsbudget:

Miete	Fr. 2000.–
Hausrat- und Haftpflichtversicherung	Fr. 50.–
Strom	Fr. 70.–
TV/Radio, Telefon und Internetanschluss	Fr. 200.–
Zeitungen und Zeitschriften	Fr. 60.–
Nahrungs-, Putz- und Waschmittel	Fr. 1000.–
Total	Fr. 3380.–

Sarah und Hanspeter leben zusammen mit ihrem Sohn Tino. Sie haben vereinbart, alle ihre Kosten gemeinsam zu tragen. Insgesamt kommen sie auf monatliche Ausgaben von 6000 Franken. Hanspeter verdient netto pro Monat 6000 Franken. Sarah hat ihr Arbeitspensum zugunsten der Familienarbeit auf 40 Prozent reduziert und bringt 1800 Franken nach Hause. Hanspeter erzielt also ungefähr 75 Prozent des Familieneinkommens, Sarah 25 Prozent. Hanspeter engagiert sich neben seiner Arbeit im Haushalt und bei der Kinderbetreuung, sodass beide Eltern gleich viel Freizeit geniessen können. Weil Sarah durch die Reduktion der Berufstätigkeit Einbussen bei ihrer Altersvorsorge hat, vereinbart das Paar, dass sie als Kompensation weniger als 25 Prozent an die Haushaltskosten beiträgt. Hanspeter übernimmt 90 Prozent, also 5400 Franken pro Monat, Sarah nur 10 Prozent oder 600 Franken.

Zahlungsmodalitäten Für die Abwicklung stehen im Wesentlichen zwei Modelle im Vordergrund:

— **Modell 1**
Jede Seite bezahlt die Rechnungen, die auf ihren Namen ausgestellt sind, und behält alle relevanten Quittungen. Abgerechnet wird per Monatsende nach dem vereinbarten Aufteilungsschlüssel. Beim grössten Posten, dem Mietzins, ist es am einfachsten, wenn ein Partner die gesamte Miete per Dauerauftrag bezahlt und der andere ihm seinen Anteil ebenfalls per Dauerauftrag überweist.

— **Modell 2**
Jede Seite bezahlt ihren Anteil im Voraus monatlich auf ein gemeinsames Haushaltskonto ein. Die Haushaltsrechnungen werden über dieses Konto bezahlt. Für die täglichen Einkäufe gibt es ein oder zwei spezielle Haushaltsportemonnaies.

Die Erwerbsarbeit aufgeben?

Sich um Kinder und Haushalt kümmern, den kranken Partner pflegen, Mitarbeit im Geschäft der Freundin oder weil der Liebste genug für beide verdient – es gibt manchen guten Grund, das Arbeitspensum zu reduzieren. Viele sind sich dabei aber nicht bewusst, dass unser Sozialversicherungsrecht in weiten Teilen eng mit der Erwerbsarbeit verknüpft ist. Eine Reduktion oder gar die Aufgabe der Erwerbstätigkeit kann deshalb empfindliche Einbussen bei der eigenen Absicherung zur Folge haben. Diese Lücken lassen sich durch Eigeninitiative zum Teil schliessen oder wenigstens verringern.

Angestellte sind besser versichert

Es lohnt sich also, die Grundpfeiler des schweizerischen Sozialversicherungssystems zu kennen. Dabei geht es primär um die Abdeckung der Risiken Alter, Invalidität, Tod, Arbeitslosigkeit, Krankheit, Unfall und Mutterschaft. Ein kurzer Überblick:

AHV/IV: In der 1. Säule ist die gesamte Wohnbevölkerung der Schweiz obligatorisch gegen die Risiken Alter, Invalidität und Tod versichert. Sind Sie angestellt erwerbstätig, zahlt Ihr Arbeitgeber die Beiträge ein. Das sind inklusive Arbeitslosenversicherung und Erwerbsersatz 12,1 Prozent vom Bruttolohn. Die Hälfte wird Ihnen vom Lohn abgezogen, die andere Hälfte trägt der Arbeitgeber. Selbständigerwerbende zahlen maximal 9,5 Prozent ihres Einkommens (nach Abzug der geschäftlich notwendigen Unkosten). Sie erhalten die Rechnung direkt von der AHV. Nichterwerbstätige bezahlen Beiträge aufgrund ihres Vermögens und sonstigen Einkommens; sie müssen sich selber um die korrekte Abwicklung kümmern.

Pensionskasse: Auch aus der 2. Säule werden Alters-, Invaliden- und Hinterlassenenrenten ausgerichtet. Die berufliche Vorsorge steht nur Erwerbstätigen offen. Angestellte mit einem Jahreseinkommen von mindestens 20 520 Franken (Stand 2010) sind obligatorisch bei einer Pensionskasse angeschlossen, Selbständige können sich freiwillig versichern. Wer die Erwerbstätigkeit aufgibt oder unter den Minimallohn reduziert, verliert den Anspruch auf eine spätere Pensionskassenrente. Das angesparte Altersguthaben, auch Freizügigkeitsleistung genannt, wird entweder auf einem Freizügigkeitskonto oder in einer Freizügigkeitspolice deponiert.

Säule 3a: Auch die steuerbegünstigte Vorsorge über die Säule 3a steht nur erwerbstätigen Personen offen. Wer bei einer Pensionskasse versichert ist, kann pro Jahr maximal 6566 Franken in die Säule 3a einzahlen. Selbständigerwerbende, die sich nicht freiwillig einer Pensionskasse angeschlossen haben, können bis 20 Prozent des Nettoeinkommens einzahlen (maximal 32 832 Franken pro Jahr, Stand 2010). Dasselbe gilt für Angestellte, die nicht genügend Jahreseinkommen für einen Anschluss bei der Pensionskasse haben.

Arbeitslosenversicherung: Wer seine Arbeit verliert und erfolglos eine Stelle sucht, kann Arbeitslosentaggelder beziehen. Dies allerdings nur, wenn alle gesetzlichen Voraussetzungen erfüllt sind. Eine davon ist die Beitragszeit: Taggelder erhält grundsätzlich nur, wer in den zwei vorangehenden Jahren während mindestens zwölf Monaten erwerbstätig war und Beiträge abgeliefert hat. Wenn Sie also Ihr Pensum und Einkommen reduzieren, verringern Sie damit auch das mögliche Taggeld. Und wenn Sie länger als ein Jahr nicht erwerbstätig sind, haben Sie gar keinen Anspruch mehr. Dies auch dann, wenn Sie vorher jahrelang Beiträge bezahlt haben. Immerhin gibt es Sonderregelungen für Frauen, die während der Schwangerschaft aus medizinischen Gründen arbeitsunfähig werden oder die Erwerbstätigkeit aufgeben, um ihre kleinen Kinder zu betreuen. Keine Ausnahme gibt es dagegen, wenn Sie nach einer Trennung von Ihrem Lebensgefährten aus wirtschaftlichen Gründen wieder arbeiten müssen und keine Stelle finden. Nur Exeheleute sind da besser gestellt (BGE 123 V 219).

Mutterschaftsversicherung: Während 14 Wochen nach der Geburt deckt die Mutterschaftsversicherung 80 Prozent des Lohnes ab. Wer nicht erwerbstätig ist, hat keinen Anspruch auf diese Zahlungen.

Krankheit und Unfall: Für diese Risiken ist die gesamte Wohnbevölkerung obligatorisch versichert. Zumindest, was die Heilungskosten angeht. Bei den Einkommenseinbussen gibt es Unterschiede: Arbeitnehmende sind gegenüber den Selbständigerwerbenden und den Nichterwerbstätigen privilegiert. Über den Arbeitgeber sind sie automatisch der Unfallversicherung angeschlossen, die sowohl ein Taggeld wie auch eine Rente bei Invalidität auszahlt. Wer mehr als acht Stunden pro Woche beim selben Arbeitgeber tätig ist, ist auch für Freizeitunfälle versichert. Im Krankheitsfall muss der Arbeitgeber nach drei Monaten Anstellung im Minimum drei Wochen lang den Lohn weiterzahlen, bei längerer Anstellungsdauer entsprechend länger. Viele Arbeitgeber haben für ihre Belegschaft freiwillig eine Kollektiv-Krankentaggeldversicherung abgeschlossen, die in der Regel während maximal zwei Jahren 80 Prozent des Lohnes abdeckt.

Lücken vermeiden, Einbussen auffangen

Das Sozialversicherungsrecht ignoriert die nichteheliche Lebensgemeinschaft weitgehend – mit der Folge, dass Konkubinatspaare mehrheitlich schlechter abgesichert sind als Verheiratete. Nur gleichgeschlechtliche Paare können seit dem 1. Januar 2007 durch die Eintragung ihrer Partnerschaft eine Gleichstellung mit Eheleuten erreichen (siehe auch Seite 163). Heterosexuelle Lebenspartner, die ihren Arbeitserwerb aufgeben oder erheblich reduzieren, können die Einbussen bei der Sozialversicherung nur zum Teil auffangen.

Wer nicht erwerbstätig ist, kann sich weder bei der staatlichen Arbeitslosenversicherung noch bei der Mutterschaftsversicherung freiwillig versichern.

1. Säule: AHV/IV Nichterwerbstätige Verheiratete sind von der Beitragspflicht befreit, wenn der Ehemann oder die Ehefrau AHV-Beiträge abrechnet. Bis 1999 war das im Konkubinat ähnlich: Die haushaltführende Partnerin (oder der Partner), die sonst keiner Erwerbstätigkeit nachging, galt als Angestellte ihres Lebensgefährten und unterstand damit automatisch allen Arbeitnehmerversicherungen; der «Arbeitgeber» hatte für die korrekte Abrechnung zu sorgen. Das gilt heute nicht mehr. Wenn Sie die Erwerbstätigkeit aufgeben, den Haushalt führen und vom Partner keinen Lohn erhalten, gelten Sie AHV-rechtlich als nichterwerbstätig. Das ist auch so, wenn Ihr Partner Ihnen als Gegenleistung Kost und Logis und allenfalls ein Taschengeld gewährt (BGE 125 V 205).

Sind Sie nicht erwerbstätig, gilt es Beitragslücken zu vermeiden. Sonst wird Ihre spätere Rente gekürzt, für jedes fehlende Beitragsjahr um $1/44$. Sie müssen sich selber bei der AHV melden. Diese berechnet Ihre Beiträge aufgrund Ihres Vermögens und sonstigen Einkommens. Sind bereits Beitragslücken entstanden, können Sie fehlende Beiträge bis maximal fünf Jahre rückwirkend nachzahlen.

Haben Sie Kinder unter 16 Jahren, erhalten Sie sogenannte Erziehungsgutschriften. Diese entsprechen den Beiträgen für ein Jahreseinkommen von 41 040 Franken und werden Ihnen automatisch gutgeschrieben. Zwar müssen Sie trotz Erziehungsgutschriften die Beiträge als Nichterwerbstätige bezahlen. Haben Sie das bisher nicht getan, entstehen dank der Gutschriften aber immerhin keine Beitragslücken.

💡 Haben Sie und Ihr Partner das gemeinsame Sorgerecht vereinbart, werden die Erziehungsgutschriften je hälftig dem Vater und der Mutter gutgeschrieben. Das ist dann unsinnig, wenn eine Seite mit ihren übrigen Beiträgen bereits auf die maximale Rente kommt. Sie können bei der AHV verlangen, dass die gesamten Erziehungsgutschriften nur einem Elternteil gutgeschrieben werden.

Weitere Informationen finden Sie in den zahlreichen Merkblättern der AHV. Diese sind erhältlich unter www.ahv-iv.info oder bei jeder AHV-Ausgleichskasse (Adressen im Telefonbuch auf den letzten Seiten).

Berufliche Vorsoge und Säule 3a Wenn Sie nicht bei einer Pensionskasse angeschlossen sind – weil Ihr Einkommen zu tief ist oder Sie gar nicht erwerbstätig sind –, können Sie sich nicht freiwillig in der 2. Säule versichern. Diese Lücke lässt sich also privat nicht schliessen.

Das bisher angesparte Altersguthaben wird als Freizügigkeitsleistung entweder auf ein Freizügigkeitskonto bei einer Bank oder in eine Freizügigkeitspolice bei einer Versicherung übertragen. Auf dem Bankkonto erhalten Sie einen Vorzugszins. Bei der Police ist der Zins für die Altersvorsorge tiefer, dafür haben Sie im Gegensatz zum Freizügigkeitskonto eine Versicherung für die Risiken Invalidität und Tod. Ausbezahlt wird Ihnen das Guthaben, wenn Sie das Pensionierungsalter erreicht haben.

Auch in die Säule 3a können Sie nichts einzahlen, wenn Sie kein Erwerbseinkommen erzielen. Doch wenn Sie ein kleines Arbeitspensum haben, das zu tief ist für eine Versicherung über die Pensionskasse, können Sie 20 Prozent Ihres Nettoeinkommens über die Säule 3a sparen. Damit profitieren Sie von einem besseren Zins als auf dem üblichen Sparkonto und können den einbezahlten Betrag in der Steuererklärung abziehen.

💡 Für jüngere Menschen – vor allem für Frauen – ist eine 3a-Lebensversicherung wenig geeignet. Dabei verpflichten Sie sich, Jahr für Jahr Prämien zu zahlen. Das dürfen Sie aber nur, wenn Sie erwerbstätig sind. Schalten Sie dann eine Babypause oder eine vollzeitliche Weiterbildung ein, sind Verluste vorprogrammiert. Bei einem 3a-Sparkonto passiert das nicht. Denn da entscheiden Sie selber, wann und wie viel Sie einzahlen.

Krankheit und Unfall Nichterwerbstätige und Erwerbstätige, die über den Arbeitgeber ungenügend gegen Erwerbsausfall versichert sind, können eine private Versicherung abschliessen. Bei Krankheit oder Unfall wird dann das in der Police festgelegte Taggeld bezahlt.

Es lohnt sich, die Prämien und die Leistungen sorgfältig zu vergleichen. Viele Versicherer zahlen beispielsweise nur, wenn Sie einen Erwerbsausfall nachweisen – und das können Nichtberufstätige ja gerade nicht. Achten Sie auch darauf, dass Sie eine sogenannte Summenversicherung abschliessen. Diese zahlt bei Eintritt des versicherten Ereignisses die vereinbarte Leistung, und zwar unabhängig davon, ob noch andere Versicherungen zahlen müssen.

💡 Viele Erwerbstätige haben bei der Krankenkasse die Unfalldeckung ausgeschlossen, weil ja die Unfallversicherung die Heilungskosten übernimmt. Wenn Sie Ihre Erwerbstätigkeit aufgeben, müssen Sie die Unfalldeckung in der Krankenversicherung wieder einschliessen. Das kostet ein paar Prämienfranken mehr.

Das können Sie zusätzlich tun Prüfen Sie mit Ihrem Partner, Ihrer Partnerin den Abschluss einer Lebensversicherung. Damit lassen sich noch bestehende Lücken bei Ihrer Alters- und Invalidenvorsorge schliessen.

Prüfen Sie auch den Abschluss eines Arbeitsvertrags für Ihre Arbeit im Haushalt oder im Geschäft Ihres Partners, Ihrer Partnerin. Zwar werden dann Beiträge an die Sozialversicherungen fällig, doch Sie sichern sich damit einige Vorteile (siehe nächste Seite).

Arbeit im Betrieb des Liebsten

Ihr Partner schätzt es gewiss sehr, wenn Sie sich in Ihrer Freizeit um die Buchhaltung kümmern, am Samstag einige Stunden im Laden aushelfen oder sich gar jeden Tag in seinem Geschäft nützlich machen. Egal, in welchem Mass Sie sich engagieren, schaffen Sie von Anfang an klare Verhältnisse.

Sollen Ihre Leistungen entschädigt werden? In welcher Höhe? Wann und in welcher Form (Geld oder Naturalleistung) erfolgt die Entschädigung? Bei diesen Fragen darf es keine Tabus geben. Geheime Erwartungen, der Partner werde sich dann schon bei Gelegenheit erkenntlich zeigen, können zu bösen Enttäuschungen führen.

Lotta half ihrem Max während zweier Jahre beim Aufbau seines Geschäfts. Da Max am Anfang knapp bei Kasse war, verlangte sie nichts für ihre Dienstleistungen. Wenn das Geschäft dann mal gut läuft, wird sich Max sicher revanchieren, dachte sie. Just als das Geschäft zu florieren beginnt, stirbt Max unerwartet an einem Herzinfarkt. Seine Geschwister erben das Geschäft und denken nicht im Traum daran, Lotta im Nachhinein zu entschädigen.

Lisa hat einen gut gehenden Kosmetiksalon. Ihr Freund Thomas ist von Beruf Buchhalter und kümmert sich in der Freizeit auch um die Buchhaltung von Lisas Geschäft. Lisa ist Thomas sehr dankbar und spendiert ihm ab und zu ein feines Nachtessen. Als sie ihren Gewinn aus dem Geschäft nicht, wie von Thomas insgeheim erhofft, in eine gemeinsame Eigentumswohnung investieren

will, fordert er im Nachhinein eine Entschädigung für seine Dienste.
Lisa findet seine Forderung unverschämt.

Vorteilhafter Arbeitsvertrag

Wenn Sie sich für eine Entschädigung entschieden haben, sollten Sie
für die mitarbeitende Partnerin – oder den Partner – einen Arbeitsvertrag aufsetzen. Das bringt folgende Vorteile:

— Die «Angestellte» hat keine Beitragslücken bei der AHV/IV.

— Übersteigt der Jahreslohn 20 520 Franken, ist sie in der 2. Säule
(Pensionskasse) obligatorisch versichert.

— Als Erwerbstätige kann sie auch über die Säule 3a sparen.

— Angestellte sind obligatorisch gegen Betriebsunfälle versichert,
ab acht Wochenstunden auch für Freizeitunfälle. Die Unfallversicherung zahlt 80 Prozent des Lohnes und übernimmt die
Heilungskosten. Deshalb kann bei der Krankenkasse die
Unfalldeckung ausgeschlossen werden.

— Bei Krankheit wird im ersten Dienstjahr mindestens drei Wochen
der volle Lohn bezahlt, später eine entsprechend längere Zeit.

— Nach einem Jahr Anstellung kann die Partnerin bei Arbeitslosigkeit Taggelder beziehen.

— Nach fünf Monaten Anstellung hat sie Anspruch auf 14 Wochen
bezahlten Mutterschaftsurlaub.

Das gehört im Minimum in den Arbeitsvertrag:

— Datum des Stellenantritts
— Lohn (Monats- oder Stundenlohn, 13. Monatslohn)
— Arbeitspensum und Arbeitszeiten
— Aufgabengebiet und Stellung im Betrieb

Einen Mustervertrag finden Sie im Anhang (Muster 5).

Gratisarbeit?

Selbstverständlich dürfen Sie im Betrieb der Partnerin mitarbeiten und nichts dafür verlangen. Die Erfahrung zeigt aber, dass man sich bei einer Trennung eben doch Gedanken über eine Entlöhnung macht. Und dann wird oft darüber gestritten, ob die vielleicht jahrelange Tätigkeit als reiner Liebesdienst zu werten sei oder doch als Arbeit, die zu entschädigen ist.

Arbeitsrecht gilt In der Lehre und Rechtsprechung war lange strittig, was gelten soll, wenn die Konkubinatspartner nichts vereinbart haben und sich im Nachhinein um eine Entschädigung streiten. Fraglich war, ob Artikel 320 Absatz 2 OR anzuwenden sei. Nach dieser Bestimmung liegt auch ohne schriftlichen Beleg automatisch ein Arbeitsvertrag vor, wenn eine Partei in ihrem Geschäft Arbeit entgegennimmt, deren Leistung nach den Umständen nur gegen Lohn zu erwarten ist.

Bundesgerichtsentscheid 4C.131/2000: Es ging um eine junge Frau, die jahrelang in der Bäckerei ihres Lebenspartners gearbeitet hatte. Ihre Leistung übertraf den blossen Freundschaftsdienst bei Weitem. Einzelheiten wurden jedoch nie geregelt. Weder wurde ein fester Lohn vereinbart, noch wurde ein solcher jemals ausbezahlt. Als die Beziehung zerbrach, machte die Frau eine Lohnforderung von über 60 000 Franken geltend. Mit Erfolg: Das Bundesgericht entschied, dass Artikel 320 Absatz 2 OR und damit Arbeitsrecht gelte. Der Expartner berief sich vergeblich darauf, der Lohn seiner Freundin sei durch Kost und Logis abgegolten worden. Laut Gericht hatte der gemeinsame Haushalt mit dem Arbeitsverhältnis nichts zu tun und konnte daher nicht als Gegenleistung für die Arbeit gewertet werden.

Heute bestehen also gute Chancen, auf dem Klageweg im Nachhinein zu Lohnzahlungen zu kommen. Doch Achtung, eine Schranke bleibt: die Verjährungsfrist von fünf Jahren.

Alice arbeitete von Dezember 2003 bis November 2008 im Betrieb ihres Freundes. Dann zerbrach die Beziehung. Nach langem Hin und Her leitet Alice im November 2009 eine Lohnklage ein. Bereits verjährt sind ihre Lohnansprüche von Dezember 2003 bis Oktober 2004. Die Lohnansprüche ab November 2004 bleiben gewahrt, weil die Verjährungsfrist durch die Klageeinleitung unterbrochen wurde.

Die Regeln der einfachen Gesellschaft gelten Anders sieht die Situation aus, wenn ein Paar als gleichgestellte Partner im Betrieb arbeitet. Dann ist zu prüfen, ob die Arbeitsleistungen im Rahmen einer einfachen Gesellschaft erbracht wurden.

 BGE 109 II 228: Nach dem Scheitern der Beziehung verlangte eine Frau im Nachhinein eine Entschädigung für ihre Mitarbeit in der Pension ihres Exfreunds. Das Bundesgericht qualifizierte die Lebensgemeinschaft des Paares als sehr umfassend. Die beiden waren verlobt und hatten ein gemeinsames Kind. Aus allen Umständen schloss das Gericht, dass sich die gesamte Tätigkeit des Paares nicht nur auf die Befriedigung der Bedürfnisse des gemeinsamen Haushalts beschränke. Vielmehr hätten beide mit dem Engagement in der Pension einen wirtschaftlichen Erfolg ihrer Gemeinschaft erstrebt und gemeinsam auf dieses Ziel hingearbeitet. Deshalb seien die Regeln der einfachen Gesellschaft anwendbar.

Was aber sind die Konsequenzen, wenn die Regeln der einfachen Gesellschaft gelten? Im Unterschied zum Arbeitsrecht gibt es keinen Lohn für geleistete Dienste. Dafür ist der mitarbeitende Gesellschafter zur Hälfte am Gewinn beteiligt. Dies auch dann, wenn er ausser seiner Arbeitsleistung nichts investiert hat. Im obigen Bundesgerichtsfall ging es um einen Gewinn von über 700 000 Franken!

Es lohnt sich, klare Verhältnisse zu schaffen. In den meisten Fällen wird ein schriftlicher Arbeitsvertrag die beste Lösung sein (siehe Seite 72).

Den Partner vertreten

Im Alltag gibt es immer wieder Situationen, in denen es praktisch wäre, wenn die Partnerin ihren Lebensgefährten vertreten könnte – zum Beispiel weil sie von einem bestimmten Geschäft mehr versteht oder weil er für längere Zeit abwesend ist. Den Partner vertreten bedeutet, in seinem Namen und auf seine Rechnung zu handeln. Wenn eine Person eine andere gültig vertritt, hat das keinerlei Rechtswirkungen auf sie selbst; berechtigt und verpflichtet wird nur der Vollmachtgeber.

Für Konkubinatspartner gibt es keine automatische Stellvertretung. Eine Vertretung des anderen ist grundsätzlich nur mit einer entsprechenden Vollmacht möglich. Zwar schreibt das Gesetz mit wenigen Ausnahmen keine schriftliche Urkunde oder gar Beglaubigung vor. In der Praxis kommen Sie aber ohne schriftliche Vollmacht meist nicht weit.

 Gabriela überträgt ihrem Freund Gregor die Verwaltung ihres Wertschriftendepots. Gregor besitzt für Gabrielas Bankkonten entsprechende Vollmachten. Kauft er als Stellvertreter seiner Lebenspartnerin neue Aktien, gehören diese in ihr Depot, und die Bank darf den Kaufpreis nur von ihrem Konto abbuchen. Gregors Konto bei derselben Bank bleibt von diesem Geschäft unberührt.

 Richard bittet seinen Partner Klaus, für ihn den Porsche aus der Reparatur abzuholen. Weil die Garagistin Klaus nicht kennt und dieser keine schriftliche Vollmacht vorweisen kann, gibt sie ihm das Auto nicht heraus.

Eine Vertretung des Partners ohne entsprechende Vollmacht ist in zwei Ausnahmefällen möglich: wenn der Vertretene im Nachhinein das Geschäft genehmigt, oder in Notfällen.

Nico ist im Himalaja auf Klettertour. Seine Freundin Silvia bleibt allein in Nicos Haus in Bern zurück. Bei einem Einbruch wird die Eingangstür demoliert. Silvia lässt sofort einen Schreiner kommen, der die Tür repariert. Nico wird die Schreinerrechnung bezahlen müssen. Denn Silvia hat ihn gemäss den Regeln der Geschäftsführung ohne Auftrag (Art. 419 ff. OR) gültig vertreten.

Vom Umgang mit Vollmachten

Es gibt zwei Arten von Vollmachten: Mit einer Generalvollmacht kann der Partner Sie in allen Arten von Rechtsgeschäften vertreten, mit einer Spezialvollmacht nur in den darin ausdrücklich erwähnten, etwa in allen Geschäften im Zusammenhang mit der gemeinsamen Mietwohnung. Im Anhang finden Sie je ein Beispiel (Muster 6 und 7).

Für Post- und Bankkonten verwenden Sie am besten die hauseigenen Formulare, denn diese Institute akzeptieren höchstens in einem Notfall andere Vollmachtsurkunden. Das Gleiche gilt für das Abholen von eingeschriebenen Postsendungen.

Wenn die Vollmacht nicht mehr gelten soll Ein Widerruf der Vollmacht ist jederzeit möglich. Um zu verhindern, dass der nicht mehr Bevollmächtigte Sie weiter verpflichtet, müssen Sie aber sicherstellen, dass die Geschäftspartner vom Widerruf Kenntnis haben. Bei Vollmachten auf Post- oder Bankkonten geht das einfach mit einer Mitteilung an eine Geschäftsstelle. Haben Sie eine andere Vollmachtsurkunde unterzeichnet, bestehen Sie darauf, dass der Partner sie Ihnen zurückgibt. Allerdings kann man, wenn jemand eine Vollmacht missbraucht, die Rückgabe der Urkunde meist vergessen. Deshalb gilt: Erteilen Sie nicht leichtfertig Vollmachten.

Ein guter Schutz gegen Missbrauch: Beschränken Sie Ihre Vollmacht zeitlich – beispielsweise auf ein Jahr – und erneuern Sie sie jeweils bei Bedarf.

Was gilt im Todesfall? Eine Vollmacht verliert ihre Gültigkeit automatisch, wenn die Vollmachtgeberin stirbt oder handlungsunfähig wird. Ausnahme: Auf der Vollmachtsurkunde steht das Gegenteil. In Bankvollmachten ist regelmässig vorgesehen, dass die Vollmacht auch beim Verlust der Handlungsfähigkeit oder beim Tod der Kontoinhaberin weiter gilt.

Die Banken zeigen sich allerdings in jüngster Zeit immer restriktiver, selbst wenn in den Kontounterlagen ausdrücklich vermerkt ist, dass die Vollmacht über den Tod hinaus gültig sei. Meist wird das Konto vorsorglich gesperrt, sobald die Bank vom Tod der Kontoinhaberin erfährt, und eine Freigabe ist erst möglich, wenn der Partner einen Erbschein vorweisen kann und das Einverständnis aller darauf als Erben aufgeführten Personen hat. Ein solcher Erbschein wird nur auf Verlangen von der kantonalen Behörde ausgestellt. Zuständig ist je nach Kanton das Gericht, das Teilungsamt oder eine andere kantonale Behörde am letzten Wohnsitz der verstorbenen Person. Weil die Behörde zuerst die Erbberechtigung klären muss, kann das Konto für mehrere Wochen bis Monate gesperrt bleiben.

Soll der überlebende Partner oder die Partnerin sofort nach dem Tod Zugriff auf das Bankkonto haben, hilft eine Vollmacht oft nicht weiter. Errichten Sie stattdessen ein gemeinsames Konto (siehe nächste Seite) oder setzen Sie sich gegenseitig in Ihren Testamenten als Willensvollstrecker ein.

Was tun, wenn die Vollmacht fehlt? Zum Glück ein seltenes Szenario: Die Partnerin liegt nach einem schweren Unfall im Koma, der Partner ist nach einem Hirnschlag nicht ansprechbar oder als Rotkreuzhelfer in einem Krisengebiet entführt worden und seither verschollen. Solche Schicksalsschläge sind für sich allein schon schlimm genug. Muss man während der Abwesenheit wichtige Geschäfte für den Partner, die Partnerin erledigen und fehlt eine dafür notwendige Vollmacht, macht das die Situation nicht einfacher. Die richtige Anlaufstelle ist dann die Vormundschaftsbehörde an Ihrem gemeinsamen Wohnsitz.

Die Vormundschaftsbehörde kann die fehlende Vollmacht ersetzen, indem sie für die handlungsunfähige Person einen Beistand ernennt, der sie vertreten darf. Als Konkubinatspartnerin können Sie sich für dieses Amt anerbieten. Es liegt aber im Ermessen der Behörde, wen sie letztlich als Vertretung einsetzt. Sobald die Krisensituation behoben und der Partner wieder handlungsfähig ist, endet das Amt des Beistands.

Gemeinsame Konten

Bei Konkubinatspaaren sind im Allgemeinen getrennte Kassen üblich. Ein gemeinsames Konto ist denn auch nur für bestimmte Zwecke sinnvoll: zum Beispiel für die Haushaltskosten oder um sicherzustellen, dass die wirtschaftlich schwächere Seite beim Tod der anderen Zugriff auf dringend benötigte Gelder hat.

Mike verunfallt in den Bergen und stirbt. Seine mittellose Freundin Sandra ist plötzlich mit dem fälligen Mietzins für die gemeinsame Wohnung konfrontiert. Sie hat zwar den Mietvertrag nicht mitunterschrieben, haftet also auch nicht für den Mietzins. Trotzdem wird sie die Miete einstweilen bezahlen müssen, wenn sie keinen Rausschmiss riskieren will. Nur, woher das Geld nehmen?

Bei der Bank können Konkubinatspaare ein spezielles Gemeinschaftskonto, das Konto mit Erbenausschlussklausel, eröffnen. Die auf einem solchen Konto liegenden Vermögenswerte bleiben auch beim Tod des einen Partners verfügbar, egal, wer wie viel einzahlte.

Mit einem gemeinsamen Konto lässt sich das Erbrecht nicht umgehen. Können Sie nicht mehr nachweisen, wer welche Einlagen getätigt hat, ist ohne erbrechtliche Anordnung hälftig zwischen dem überlebenden Partner und den Erben zu teilen.

Gemeinsames Wohneigentum

Der Erwerb von Wohneigentum ist für die meisten Menschen nicht nur der Traum, sondern auch das Geschäft ihres Lebens. Kaum eine andere Sache erfordert so viel finanzielles und persönliches Engagement. Deshalb ist es auch so wichtig, das Projekt Wohneigentum sorgfältig zu planen und durchzuführen. Für Konkubinatspaare gilt das in besonderem Masse, weil das Gesetz keine griffigen Regeln parat hat, wenn Krisensituationen zu bewältigen sind.

Die folgenden Seiten zeigen Ihnen, worauf Konkubinatspaare beim Kauf eines Eigenheims besonders achten sollten und was Sie für den Fall einer Trennung vorkehren können. Für die Feinabstimmungen sollten Sie einen Finanzberater und eine in Konkubinatsfragen spezialisierte Anwältin hinzuziehen. Das Geld dafür ist gut investiert!

 Alle Informationen zur Evaluation des richtigen Objekts, zur Finanzierung, zum Kaufvertrag und zur Begleitung eines Hausbaus finden Sie in zwei Beobachter-Ratgebern: «Der Weg zum Eigenheim. Kauf, Bau, Finanzierung und Unterhalt» und «Stockwerkeigentum. Kaufen, finanzieren, leben in der Gemeinschaft» (www.beobachter.ch/buchshop).

Fragen, die Sie unbedingt klären sollten:

— Wo und wie wollen wir wohnen?
— Wie viel Platz brauchen wir heute und in Zukunft?
— Können wir uns ein Eigenheim finanziell leisten? Was ist, wenn wir später Kinder haben und weniger Einkommen hereinkommt?
— Sollen wir selber bauen oder ein fertiges Objekt kaufen?
— Wie sieht die Beteiligung von Partnerin und Partner aus?
— Was gilt im Fall einer Trennung?
— Was müssen wir vorsorgen für den Fall, dass einer von uns invalid wird oder stirbt?

Das richtige Objekt finden

Bevor Sie Ihr Traumheim suchen, sollten Sie je für sich allein die Bedürfnisse und Wünsche klären und Ihre Prioritäten setzen. Für den einen ist das eigene Zimmer oder die grosse Wohnküche unverzichtbar, die andere hält das Cheminée oder die sonnige Terrasse für ein Muss. Besonders wichtig sind die Lage und die Infrastruktur des Eigenheims. Träumen Sie zum Beispiel davon, Ihr Feierabendbier zu Hause an der Abendsonne zu geniessen, sollte der Balkon oder Sitzplatz nicht schon ab 17 Uhr im Schatten liegen. Wollen oder können Sie sich nicht beide ein eigenes Auto leisten, müssen die Einkaufs- und Freizeitmöglichkeiten zu Fuss oder mit öffentlichen Verkehrsmitteln gut erreichbar sein.

Je nach Alter können sich die Anforderungen an das Wohnobjekt auch ändern. Planen Sie Nachwuchs, sind grosse Grünflächen und ein Spielplatz für die Kinder ideal. Älteren Personen sind ein ebenerdiger Zugang, ein Lift oder alle Räume auf einem Geschoss wichtiger als ein grosser, arbeitsintensiver Garten.

Je spezifischer die Wünsche ans Eigenheim sind, desto schwieriger wird es, ein geeignetes bezugsbereites Objekt zu finden. Dann heisst es, selber bauen. Damit ist man nicht mehr Käufer, sondern Bauherr. Auf der einen Seite ist es eine tolle Sache, bei der «Geburt» des eigenen Hauses hautnah dabei zu sein. Auf der anderen Seite kommt das Bauherrendasein einem temporären Nebenjob gleich, der über längere Zeit die Freizeit in Anspruch nimmt. Fachleute schätzen, dass die zeitliche Belastung etwa einem Arbeitspensum von 20 Prozent entspricht.

Besuchen Sie ein Seminar für den Erwerb von Wohneigentum. Die Hypothekarbanken bieten solche Seminare unverbindlich und kostengünstig an. Auch im Internet finden Sie bei den meisten Banken nützliche Informationen, etwa eine Checkliste für die Objektanalyse und Rechner für die Finanzierung.

Gemeinsames Eigentum oder Alleineigentum?

Wenn Sie Ihr Eigenheim zusammen erwerben, haben Sie daran gemeinschaftliches Eigentum. Das Gesetz unterscheidet zwei Formen: das Mit- und das Gesamteigentum. Die beiden Formen unterscheiden sich in Bezug auf Verkauf und Belastung der einzelnen Anteile, doch diese Unterschiede haben in der Praxis keine Auswirkungen. In jedem Fall gilt, dass beide Partner mit dem Wiederverkauf der ganzen Liegenschaft einverstanden sein müssen.

Bei Liegenschaften im Miteigentum werden die Eigentumsquoten der Miteigentümer im Grundbuch vermerkt, beim Gesamteigentum ist das nicht möglich. Erwerben Sie Ihr Eigenheim im Gesamteigentum, sollten Sie deshalb die Anteile unbedingt in einem separaten Gesellschaftsvertrag festhalten.

Bei beiden Formen von gemeinsamem Eigentum verlangen die Banken in der Regel eine Solidarhaftung der Partner (siehe Seite 16). Dies auch dann, wenn die Eigentumsquoten ungleich verteilt sind.

Eigenmietwert und Schuldzinsen werden aufgrund der Eigentumsquoten auf Ihre beiden Steuererklärungen verteilt. Rein steuertechnisch ist es deshalb von Vorteil, wenn die Eigentumsquote beim besser verdienenden Partner höher ist.

Miteigentum, der häufigere Fall Will ein Konkubinatspaar die Liegenschaft mit Mitteln aus der Pensionskasse oder der Säule 3a finanzieren, gibt es – anders als bei Ehepaaren – keine Wahl. Das Gesetz erlaubt nur Miteigentum.

Die Miteigentumsquoten lassen sich immerhin beliebig auf die beiden Partner verteilen. Am besten tun Sie dies entsprechend der finanziellen Beteiligung. Manchmal wollen Paare dies nicht, sondern lassen die Liegenschaft beispielsweise je hälftig zu Miteigentum im Grundbuch eintragen, obwohl sie tatsächlich im Verhältnis 70:30 finanziert wurde. In einem solchen Fall sollten Sie die Verhältnisse untereinander klar regeln. Ist keine Schenkung gewollt, können Sie die Differenz in einem schriftlichen Darlehensvertrag dokumentieren. Das schafft klare Verhältnisse für den Fall einer Trennung oder wenn mit Erben abzurechnen ist.

Beteiligung ja, gemeinsames Eigentum nein Ist nur ein Partner als Eigentümer im Grundbuch eingetragen, hat der andere keine Mitbestimmungsrechte. Der Alleineigentümer hat das letzte Wort, wenn es zum Beispiel darum geht, ob Sonnenkollektoren auf dem Dach montiert werden, die Hypothek aufgestockt oder das Haus verkauft wird. Das entspricht oft nicht den romantischen Vorstellungen des Paares. Anderen dagegen ist es mit einer strikten Gütertrennung wohler. Was besser zu Ihnen passt, müssen Sie selber herausfinden.

Entscheiden Sie sich für die Variante Alleineigentum, kann sich der andere Partner trotzdem finanziell engagieren – zum Beispiel mit einem privaten Darlehen (siehe Kasten). Wie das Bankdarlehen kann dieses mit einem Schuldbrief gesichert werden.

Fehlen einem von Ihnen die Eigenmittel für eine Mitfinanzierung oder ein Darlehen, kann er oder sie sich auch mit Mietzinszahlungen am Eigenheim beteiligen oder die laufenden Wohnkosten übernehmen.

Darlehensvertrag

Renata C. kauft die Liegenschaft an der Himmerstrasse 7 in 8400 Winterthur und lässt sich als Alleineigentümerin im Grundbuch eintragen.

Kaspar D. gewährt Renata für den Kauf der Liegenschaft ein Darlehen in der Höhe von 70 000 Franken. Das Darlehen ist mit 3 Prozent zu verzinsen. Die Zinszahlungen werden jeweils per 31. Mai und per 30. November fällig, erstmals am 31. Mai 2010. Das Darlehen ist unkündbar. Es ist aber in jährlichen Raten von 7000 Franken zurückzuzahlen. Die erste Rate ist am 31. Dezember 2010 fällig.

Als Sicherheit erhält Kaspar von Renata einen Inhaberschuldbrief im zweiten Rang in der Höhe von 70 000 Franken.

Winterthur, 20. April 2010
Renata C.   Kaspar D.

Stichwort Schuldbrief

Weil man die Liegenschaft nicht selber als Sicherheit für ein Darlehen übergeben kann, gibt es die Möglichkeit, das Grundstück sozusagen durch ein Dokument zu ersetzen: zum Beispiel durch einen Schuldbrief. Jeder Schuldbrief hat einen bestimmten Rang, der im Grundbuch festgehalten ist. Wer einen Schuldbrief im ersten Rang besitzt, steht bei einer allfälligen Zwangsverwertung an erster Stelle, kommt also am ehesten zu seinem Geld. Der erste Rang ist allerdings in der Regel von der Hypothekarbank besetzt; private Schuldbriefe stehen deshalb meist im zweiten Rang.

Egal, für welche Variante von Eigentum Sie sich entscheiden, um vertragliche Abmachungen kommen Sie nicht herum. Klären Sie unbedingt die folgenden Punkte und halten Sie sie schriftlich fest: Wer beteiligt sich mit welchen Mitteln am Eigenkapital? Wer kommt in welchem Ausmass für die Hypothekarzinsen, die Amortisation und die Nebenkosten auf?

Regeln für die Trennung

Auch wenn Sie beim Hauskauf ganz anderes im Kopf haben: Treffen Sie von Anfang an eine klare Vereinbarung für eine allfällige Trennung. Diesen Fragen sollten Sie sich stellen:

— Verkaufen wir das Eigenheim an eine Drittperson oder übernimmt es der Partner bzw. die Partnerin?

— Wie wird der Gewinn oder Verlust aus dem Hausverkauf verteilt?

— Welche Seite hat das Vorrecht, wenn beide das Eigenheim behalten wollen?

— Wie soll der oder die andere ausbezahlt werden?

Wenn Sie nichts vorkehren, werden im Streitfall die gesetzlichen Regeln der einfachen Gesellschaft herangezogen. Das bedeutet im schlimmsten Fall einen Verkauf Ihres Eigenheims durch öffentliche Versteigerung und die hälftige Aufteilung von Gewinn oder Verlust – auch wenn Ihre Investitionen unterschiedlich hoch waren (siehe Seite 200). Mit einem Gesellschaftsvertrag schaffen Sie klare Verhältnisse und mindern das Konfliktpotenzial. Hier einige Vorschläge, was Sie darin regeln könnten:

— Halten Sie die Anteile am Eigenkapital fest und auch die Aufteilung späterer Investitionen, etwa bei einer Renovation.

— Wenn die Anteile der Partner am Eigenkapital nicht gleich gross sind oder sich im Lauf der Partnerschaft verändern, legen Sie fest, wie der Gewinn oder Verlust geteilt werden soll.

— Mögliche Regeln für den Fall, dass beide die Liegenschaft übernehmen möchten: Den Zuschlag erhält diejenige Seite, die den höheren Preis bietet. Oder: Sie lassen das Los entscheiden.

Übernimmt ein Konkubinatspartner vom anderen dessen Anteil, kann eine Grundstückgewinn- und Handänderungssteuer anfallen. Das sollten Sie beim Festlegen des Übernahmepreises berücksichtigen.

Steuern

Alle Jahre wieder kommt die Steuererklärung ins Haus. Der Bund besteuert bei Privatpersonen nur das Einkommen, Kantone und Gemeinden auch das Vermögen. Die Vermögenssteuer ist aber in allen Kantonen sehr moderat und wird erst ab einem recht hohen Freibetrag erhoben. Daneben sind Private gelegentlich auch mit kantonalen Erbschafts- und Schenkungssteuern konfrontiert (der Bund besteuert weder Erbschaften noch Schenkungen). Von den Kantonen kennt als einziger Schwyz keine Erbschafts- und Schenkungssteuern. In den anderen Kantonen ist eine Tendenz zur Abschaffung dieser Steuer für Ehepaare und Nachkommen zu beobachten.

Getrennte Veranlagung im Konkubinat

Ein Grund, warum viele Konkubinatspaare nicht heiraten, sind die Einkommenssteuern. Lebenspartnerschaften werden vom Steuerrecht nicht als eigene Kategorie erfasst. Jeder Partner wird getrennt als Alleinstehender besteuert. Für Eheleute ist das noch anders: Sie werden gemeinsam als Familie taxiert, die Einkommen zusammengezählt.

Da die Steuergesetze bei höherem Einkommen höhere Tarife kennen – die sogenannte Steuerprogression – zahlt manches Doppelverdiener-Ehepaar mehr Steuern als ein Konkubinatspaar mit gleich hohem Haushaltseinkommen.

Das Bundesgericht hat vor über 20 Jahren festgehalten, dass diese Ungleichbehandlung gegen die Bundesverfassung verstösst. Es hat es aber dem Gesetzgeber überlassen, die Steuergesetze entsprechend zu ändern. Man arbeitet noch daran. Gestritten wird vor allem, ob Eheleute ebenfalls getrennt zu veranlagen sind oder ob nur ein Teil des gemeinsamen Einkommens besteuert werden soll (Teilsplitting). Als Sofortmassnahme hat der Bundesrat die Ansätze für Ehepaare per 1. Januar 2008 etwas gemildert. Eine Gleichbehandlung mit Konkubinatspaaren wurde damit aber noch nicht erreicht.

Entgeltliche Leistungen des Partners sind zu versteuern

Zahlt die Konkubinatspartnerin ihrem Liebsten einen Lohn für seine Arbeit im gemeinsamen Haushalt, oder arbeitet er gegen Entgelt in ihrem Geschäft mit, muss er dieses Einkommen in seiner jährlichen Steuererklärung deklarieren. Die Partnerin muss ihm einen Lohnausweis ausfüllen – das Formular ist jeweils der Steuererklärung beigelegt.

Streng genommen sind nicht nur Lohnzahlungen zu versteuern, sondern jegliche Form von Einkommen. Dazu gehören auch Naturalleistungen – zum Beispiel wenn der haushaltführende Partner als Gegenleistung gratis im Eigenheim seiner Lebensgefährtin wohnen darf. In der Praxis ist es natürlich für die Steuerbehörden schwierig, solche Fälle zu erkennen. Und so wird manche eigentlich steuerpflichtige Leistung vom Steuersystem nicht erfasst.

Erbschafts- und Schenkungssteuern

Die meisten kantonalen Steuergesetze unterscheiden nicht zwischen Erbschaften und Schenkungen zu Lebzeiten. Ob und in welcher Höhe Sie für eine Erbschaft bzw. Schenkung Steuern zahlen müssen, bestimmt sich nach den Gesetzen des letzten Wohnsitzkantons der verstorbenen Person oder des Schenkers. Bei Liegenschaften gelten die Gesetze an deren Standort.

Eheleute müssen keine Erbschaftssteuern zahlen, wenn der Gatte oder die Gattin stirbt. Ganz anders sieht es für Konkubinatspaare aus. Erbt der überlebende Partner oder die Partnerin, verlangen alle Kantone mit Ausnahme von Nidwalden, Obwalden, Schwyz und Zug eine Abgabe. Im Durchschnitt müssen 30 Prozent der geerbten Summe an den Staat abgeliefert werden.

 Das Bundesgesetz über die eingetragene Partnerschaft gleichgeschlechtlicher Paare, das am 1. Januar 2007 in Kraft getreten ist, ermöglicht schwulen und lesbischen Paaren in steuerlicher Hinsicht eine Gleichstellung mit Eheleuten, wenn sie ihre Partnerschaft eintragen lassen (mehr dazu auf Seite 164).

Spezielle Lebenssituationen meistern

In diesem Kapitel erfahren Sie, was gilt, wenn einer von Ihnen noch verheiratet ist, welchen Einfluss das Konkubinat auf die Alimente der geschiedenen Partnerin, auf Schulden der Partner und auf Sozialhilfeleistungen hat. Zudem finden Sie Anregungen, was Sie tun können, wenn der Partner – oder die Beziehung – ernsthaft erkrankt, und wie Sie sich vor Gewalt in der Partnerschaft schützen.

Verheirateter Partner, geschiedene Partnerin

Im Konkubinat leben nicht nur junge Menschen in ihrer ersten Beziehung. Sondern beispielsweise auch ein (noch) verheirateter Mann, der sich von seiner Frau getrennt hat und warten muss, bis er die Scheidungsklage einreichen kann. Oder eine geschiedene Frau – vielleicht mit einem Kind aus der früheren Beziehung –, die einen neuen Partner gefunden hat. In beiden Situationen stellen sich besondere Probleme.

Konkubinat und Noch-Ehe

Solange ein Partner noch verheiratet ist, darf er seine neue Liebe nicht heiraten. Verweigert die Noch-Ehegattin eine sofortige Scheidung, kann er die Scheidungsklage erst nach Ablauf einer zweijährigen Trennungsfrist einreichen. Bis dann ein rechtskräftiges Scheidungsurteil vorliegt, können Monate oder schlimmstenfalls Jahre vergehen, je nachdem, wie erbittert um die Kinderzuteilung oder den Unterhalt gestritten wird. Die meisten Paare können warten oder wollen gar nicht heiraten. Ist die neue Partnerin jedoch Ausländerin und kommt aus einem Land ausserhalb des EU-/EFTA-Raums, ist eine Aufenthaltsbewilligung oft nur über die Heirat mit dem Schweizer Partner möglich.

Wer meint, er könne das Verbot durch eine Heirat im Ausland umgehen, sei gewarnt: In der Schweiz droht eine Freiheits- oder Geldstrafe wegen Bigamie!

Ehebruch ist nicht mehr strafbar und auch kein Scheidungsgrund mehr. Lebt eine verheiratete Person im Konkubinat, kann dies aber Auswirkungen auf die Alimente haben, die sie von ihrem Noch-Ehegatten erhält. Das Gesetz sagt nicht, welchen Einfluss eine neue Lebensgemeinschaft auf den Unterhaltsanspruch hat. Die Gerichte berücksichtigen bei der Festlegung von Trennungsalimenten in der Regel Folgendes:

— Steht fest, dass der neue Lebenspartner eine noch verheiratete Frau vollumfänglich unterstützt, fällt ihr Unterhaltsanspruch weg. Zu einer solchen Unterstützung sind Konkubinatspaare allerdings rechtlich nicht verpflichtet.

— In der Regel beeinflusst das Konkubinat nur die Höhe der Alimente. Bei der Berechnung wird die Kostenersparnis berücksichtigt, die durch das Zusammenleben entsteht. Wer in einer Wohngemeinschaft lebt, muss damit rechnen, dass nur die Hälfte der Wohnkosten und eine reduzierte Pauschale für die allgemeinen Lebenskosten von etwa 775 Franken berücksichtigt werden. Für einen unterhaltspflichtigen Noch-Ehegatten, der im Konkubinat lebt, bedeutet das tendenziell höhere Alimentenzahlungen. Und umgekehrt erhält die unterhaltsberechtigte Frau weniger Geld, wenn sie mit einem neuen Partner zusammenwohnt (Bundesgerichtsentscheid: 5P.485/2006 vom 20.6.2007).

Es kann auch vorkommen, dass das Gericht die Unterhaltsforderung einer im Konkubinat lebenden Noch-Ehefrau als rechtsmissbräuchlich abweist. So geschehen bei einer Frau, die vom neuen Lebenspartner schwanger war.

Eigenmacht verboten Zieht eine noch verheiratete Frau erst nach der Festlegung des Trennungsunterhalts mit einem neuen Partner zusammen, darf der Ehegatte die Alimentenzahlung nicht eigenmächtig einstellen. Können sich die Beteiligten nicht einigen, kann nur das Gericht die Unterhaltsbeiträge anpassen. Laut Gesetz ist eine Anpassung möglich bei einer wesentlichen Veränderung der Verhältnisse, die von gewisser Dauer ist. Um gerichtliche Auseinandersetzungen zu vermeiden, ist es ratsam, in die Trennungsvereinbarung eine Konkubinatsklausel aufzunehmen (siehe Kasten auf der nächsten Seite).

Auf die Kinderalimente hat eine neue Partnerschaft der Eltern keinen Einfluss.

Konkubinat und Scheidungsalimente

Geschiedene Frauen und Männer, die Alimente erhalten, verlieren diese, wenn sie wieder heiraten (Art. 130 Abs. 2 ZGB). Was aber mit der Scheidungsrente passiert, wenn die Exehefrau in einem Konkubinat lebt, sagt das Gesetz nicht. Deshalb müssen sich die Gerichte immer wieder mit diesem Thema beschäftigen.

In Lehre und Rechtsprechung ist man sich einig, dass ein Verlust der Scheidungsrente erst möglich ist, wenn die geschiedene Frau in einem gefestigten Konkubinat bzw. in einer eheähnlichen Gemeinschaft lebt. Nicht einheitlich ist jedoch, was im Einzelfall als gefestigtes Konkubinat beurteilt wird.

Vorsorgen mit einer Konkubinatsklausel Prozesse um die Abänderung oder Aufhebung von Scheidungsalimenten sind riskant und unangenehm. Wer mag schon hinter der Expartnerin herschnüffeln und Beweise für eine «Tisch- und Bettgemeinschaft» suchen? Mit einer Konkubinatsklausel in der Scheidungsvereinbarung lässt sich solcher Streit vermeiden. Denn darin bestimmen die Scheidungsleute im Voraus selber, welchen Einfluss eine neue Lebensgemeinschaft auf die Alimente haben soll (siehe unten stehenden Kasten).

Eine solche Klausel hat für beide Seiten Vorteile: Der zahlungspflichtige Gatte kann ohne umfangreiche Abklärungen, und ohne Abänderungsprozess, seine Zahlungen nach einer gewissen Zeit reduzieren oder ganz einstellen. Und die unterhaltsberechtigte Seite hat die Sicherheit, dass sie ihre Rente wieder erhält, wenn sich die neue Partnerschaft nicht bewährt.

Ohne Klausel: Abänderungsprozess Wenn im Scheidungsurteil keine Konkubinatsklausel vorhanden ist, darf der zahlungspflichtige Gatte die Alimente nicht eigenmächtig kürzen oder einstellen. Kann er sich mit seiner Exfrau nicht einigen, muss er eine Abänderungsklage einreichen und beweisen, dass sie in einem gefestigten Konkubinat lebt.

Die Kriterien dafür hat das Bundesgericht schon vor längerer Zeit festgehalten und in einem Entscheid von 2005 wieder bestätigt: «Unter einem gefestigten Konkubinat versteht die Rechtsprechung eine auf längere Zeit, wenn nicht auf Dauer angelegte, umfassende Lebensgemeinschaft zweier Personen unterschiedlichen Geschlechts mit grundsätzlichem Ausschliesslichkeitscharakter, die sowohl eine geistig-seelische als auch eine wirtschaftliche Komponente aufweist.

Konkubinatsklausel bei Scheidung

Lebt Margrit K. länger als acht Monate mit einem Mann in der gleichen Wohnung, reduzieren sich die Unterhaltsbeiträge ab dem Ersten des neunten Monats um 500 Franken. Dauert die Wohngemeinschaft länger als drei Jahre, sind die Unterhaltsbeiträge ab dem Ersten des 37. Monats für die weitere Dauer des Zusammenlebens nicht mehr geschuldet. Sollte die Wohngemeinschaft beendet werden, sind die im Scheidungsurteil festgelegten Alimente wieder in vollem Umfang zu bezahlen. Die Zahlungspflicht tritt ab dem Ersten des Monats in Kraft, der auf den Trennungsmonat folgt.

Verkürzt wird dies etwa auch als Wohn-, Tisch- und Bettgemeinschaft bezeichnet.» (Bundesgerichtsentscheid 5 P.135/2005)

Ob eine Lebensgemeinschaft ein gefestigtes Konkubinat nach den Kriterien des Bundesgerichts ist, müssen die Gerichte in jedem Einzelfall aufgrund aller Lebensumstände prüfen. Kein stabiles Konkubinat liegt vor, wenn das Paar nicht zusammenlebt. Daran ändern auch gelegentliche Übernachtungen beim Partner oder sogar gemeinsame Kinder nichts. Tricks funktionieren übrigens nicht! Lebt das Paar tatsächlich in der gleichen Wohnung zusammen, helfen folgende Alibimassnahmen nicht weiter:

— Schriften am alten Wohnort belassen

— Auswärts ein Zimmer mieten

— Die alte Wohnung behalten, ohne darin zu leben

Was ist ein stabiles Konkubinat? Wegweisend ist der noch unter altem Scheidungsrecht ergangene Bundesgerichtsentscheid BGE 114 II 295: Darin entschied das Gericht, dass es rechtsmissbräuchlich sei, nach einem fünfjährigen Konkubinat weiter auf der Scheidungsrente zu bestehen. Der Exehemann musste die Alimente nicht länger bezahlen.

Das heisst nun aber nicht, dass jede geschiedene Frau, jeder geschiedene Mann nach fünf Jahren Konkubinat automatisch die Scheidungsrente verliert. Es bedeutet auch nicht, dass der Verlust der Alimente frühestens nach fünf Jahren möglich ist. Die grosse Bedeutung dieses Bundesgerichtsurteils liegt in der Umkehrung der Beweislast: Nach fünfjährigem Zusammenleben muss nicht mehr der Exgatte, der auf Aufhebung der Alimente klagt, seinen Standpunkt beweisen, sondern die beklagte Partei. Sie muss das Gericht davon überzeugen, dass *kein* stabiles Konkubinat vorliegt. Gelingt ihr das nicht, wird die Rente aufgehoben.

Sistierung der Unterhaltsansprüche Seit das neue Scheidungsrecht in Kraft ist, können Alimente nicht nur reduziert oder aufgehoben werden. Das Gericht kann auch bestimmen, dass die Unterhaltsbeiträge nur eingestellt werden, solange das Konkubinat besteht, aber wieder in vollem Umfang zu bezahlen sind, wenn die neue Partnerschaft scheitert. Was bedeutet das nun für Sie?

Im Entscheid 5C.296/2001 verfügte das Bundesgericht die Sistierung der Unterhaltsbeiträge schon nach nur drei Jahren Zusammenleben. Die Anforderungen an die Qualität des Konkubinats, so das Gericht, seien für eine Sistierung nicht so hoch wie für die Aufhebung der Rente. Diese Auffassung stösst allerdings in der Rechtslehre und bei unteren Gerichten nicht überall auf Zustimmung. Umstritten ist, ob das neue Scheidungsrecht die Hürde für eine Abänderung der Rente wegen Konkubinats höher oder tiefer legt als bisher. Tendenziell verfügt das Bundesgericht eher eine Sistierung als einen unwiderruflichen Wegfall der Alimente, und es geht dabei auch unter die 5-Jahres-Grenze. Nach wie vor keinen Einfluss haben die wirtschaftlichen Verhältnisse des neuen Partners. (5C.93/2006 vom 23.10.2006; 5A_81/2008 vom 11.6.2008)

Solcher Rechtsunsicherheit sollten Sie sich lieber nicht aussetzen. Sorgen Sie deshalb unbedingt dafür, dass Ihr Scheidungsurteil eine für beide Seiten faire Konkubinatsklausel enthält. Ohne Konkubinatsklausel kann es in folgenden Fällen heikel werden:

— wenn Sie mit Ihrem neuen Lebenspartner ein gemeinsames Kind haben

— wenn Sie länger als drei Jahre mit Ihrem Partner zusammenleben

— wenn Sie und Ihre Partnerin gemeinsam Wohneigentum erwerben

Der Ex zahlt die Alimente nicht

Dass die dringend benötigten Alimente nie eintreffen, ist nach der Erfahrung des Beobachter-Beratungszentrums ein grosses Problem für viele Frauen. Zum Glück gibt es als letztes Auffangnetz die Sozialhilfe. Die Betroffenen allerdings empfinden den Gang zum Sozialamt oft als demütigend und können nicht verstehen, dass die vom Gericht zugesprochenen Alimente von niemandem bezahlt werden.

Der Ärger ist verständlich, gerade wenn ein langer, zermürbender Kampf um die Alimente voranging. Zudem muss man Sozialhilfe zurückzahlen, wenn sich die finanzielle Lage verbessert.

Eine grosse Hilfe in dieser ungemütlichen Situation sind das staatliche Alimenteninkasso und die je nach Kanton mehr oder weniger grosszügige Bevorschussung von Alimenten.

Alimenteninkasso – meist sehr effizient Die Vormundschaftsbehörde, das Jugendsekretariat oder eine andere kommunale Stelle an Ihrem Wohnsitz hilft Ihnen beim Eintreiben der Alimente. Die amtlichen Stellen mahnen den säumigen Zahler, suchen bei Zahlungsschwierigkeiten nach gangbaren Lösungen und können die Ausstände wenn nötig auch über das Betreibungsamt eintreiben lassen. Erfahrungsgemäss ist dies einiges erfolgreicher, als wenn die betroffene Frau sich selbst mit dem Exehemann herumstreitet. Für Kinderalimente ist diese Dienstleistung kostenlos, bei Frauen- und Männeralimenten verlangen einzelne Kantone eine Gebühr. Auch die Betreibungs- und Gerichtskosten muss man meist vorschiessen.

Alimentenbevorschussung Nicht immer ist beim Exgatten etwas zu holen. Dann zahlt die Gemeinde die festgelegten Alimente aus der Staatskasse und fordert die bevorschussten Beträge in eigenem Namen vom Schuldner zurück. Das Verlustrisiko trägt die Gemeinde. Was sie beim Schuldner nicht eintreiben kann, wird – anders als bei der Sozialhilfe – nicht zurückgefordert.

Die Alimentenbevorschussung ist nicht einheitlich geregelt. Kinderalimente werden in allen Kantonen bevorschusst, Ehegattenalimente nur in den Kantonen Freiburg, Genf, Jura, Neuenburg, Waadt, Wallis und Zug. Meist ist die Bevorschussung in der Höhe begrenzt. Zudem ist sie in vielen Kantonen abhängig von den Einkommens- und Vermögensverhältnissen des betreuenden Elternteils. Der Kanton Zürich zahlt zum Beispiel höchstens 650 Franken pro Monat, die Einkommensgrenze für den Elternteil mit einem Kind liegt bei 45 500 Franken pro Jahr. Hat die Mutter wieder geheiratet, werden auch die Finanzen des neuen Ehemanns berücksichtigt.

Neuerdings dürfen die Kantone auch Einkommen und Vermögen eines Konkubinatspartners miteinbeziehen. Das Bundesgericht hat eine entsprechende Regelung im St. Galler Gesetz für zulässig erklärt. In der Praxis kann es allerdings für die Behörde schwierig werden, an die entsprechenden Zahlen zu kommen. Denn anders als ein neuer Ehemann ist der Lebenspartner nicht verpflichtet, seine finanziellen Verhältnisse offenzulegen. Elegant hat der Kanton Schaffhausen dieses Problem gelöst: Einer Mutter, die in «Wohn- und Wirtschaftsgemeinschaft» lebt, wird die Einkommensgrenze einfach um 14 250 Franken tiefer angesetzt, als wenn sie allein leben würde.

Elena arbeitet Teilzeit und hat ein Jahreseinkommen von 42 900 Franken (13 x 3300 Franken). Wenn sie mit ihrer neuen Liebe Martin zusammenzieht, liegt sie über der zulässigen Einkommensgrenze für eine Bevorschussung in Schaffhausen. Konsequenz: Die Alimente von Tochter Maya werden nicht mehr bevorschusst.

Alimente, die bereits fällig waren, bevor Sie Ihr Gesuch einreichen, werden nicht bevorschusst. Gehen Sie deshalb sofort aufs Amt, wenn die Alimente nicht eintreffen.

Weitere Massnahmen Ausstehende Alimente lassen sich auch auf dem **Betreibungsweg** eintreiben. Zuständig ist das Betreibungsamt am Wohnsitz des Alimentenschuldners. Wenn Sie – mit Ihrem Scheidungs- oder Trennungsurteil – nachweisen, dass die Alimente geschuldet sind, erhalten Sie Auskunft, ob sich eine Betreibung lohnt, und der Betreibungsbeamte hilft Ihnen wenn nötig beim Ausfüllen des Formulars. Sind Alimente im Ausland einzutreiben, können Sie sich an den Internationalen Sozialdienst und die Zentralbehörde Internationale Alimentensachen des Bundesamts für Justiz wenden (Adressen im Anhang).

Gehen die Alimente nicht, nur teilweise oder immer verspätet ein, obwohl der unterhaltsverpflichtete Elternteil zahlen könnte, ist eine **Anweisung an die Schuldner** möglich. Dann verpflichtet das

Gericht die Schuldner des säumigen Zahlers, in erster Linie seinen Arbeitgeber, die Alimente ganz oder teilweise vom Lohn abzuziehen und direkt an die Gläubigerin auszuzahlen. Zuständig ist der Zivilrichter am Wohnort der Gläubigerin oder des Zahlungspflichtigen.

Wer Alimente nicht bezahlt, obschon er über die Mittel dazu verfügt oder verfügen könnte, kann auf Antrag mit Freiheits- oder Geldstrafe bestraft werden (Art. 217 StGB). Diesen Antrag stellen kann der bezugsberechtigte Elternteil, das mündige Kind oder auch die amtliche Alimenteninkasso- oder Bevorschussungsstelle. Auf diesem Weg kommt zwar auch kein Geld herein, doch kann sich eine **Strafanzeige** förderlich auf die Zahlungsmoral auswirken. Tritt Besserung ein und ist noch kein Strafurteil gesprochen, kann das Verfahren jederzeit mit einem Rückzug des Strafantrags gestoppt werden.

 Drohen Sie nicht mit einer Strafanzeige! Der Hinweis auf das Gesetz ist dagegen ungefährlich.

Kinderzulagen und Kinderrenten

Kinderzulagen muss der zu Unterhaltszahlungen verpflichtete Elternteil zusätzlich zu den Kinderalimenten überweisen. So sagt es das Gesetz; in seltenen Fällen kann das Scheidungsurteil etwas anderes vorsehen.

Erhält der unterhaltspflichtige Elternteil eine IV-Rente, werden ihm auch Zusatzrenten für seine Kinder ausbezahlt. Das sind maximal 912 Franken pro Kind unter 18 bzw. unter 25, wenn es noch in Ausbildung steht (Stand 2010). Auch aus der Pensionskasse können Kinderrenten ausbezahlt werden. Müssen diese Beträge zusätzlich zu den Kinderalimenten überwiesen werden? Das kommt drauf an: Hat der unterhaltspflichtige Elternteil sie schon bei der Scheidung bezogen, muss er sie zusätzlich zum Unterhaltsbeitrag bezahlen. Kann er dagegen erst nach der Festlegung der Kinderalimente solche Sozialversicherungsleistungen beziehen, muss er sie ans Kind weiterleiten, und die Alimente reduzieren sich um diesen Betrag.

Patrick muss für seinen Sohn Noah laut Scheidungsurteil 1000 Franken bezahlen. Ein Jahr nach der Scheidung erhält er eine IV-Rente. Die Kinderrente für Noah beträgt 663 Franken. Patrick muss diesen Betrag an Noah weiterleiten und zahlt aus dem eigenen Sack nur noch 337 Franken Kinderalimente.

Kommt der Expartner seiner Pflicht zum Bezug oder zur Weiterleitung der Kinderzulagen nicht nach, können Sie bei der kantonalen Familienausgleichskasse an seinem Arbeitsort beantragen, dass diese direkt an Sie ausbezahlt werden. Werden Kinderrenten nicht weitergeleitet, können Sie bei der Auszahlungsstelle die direkte Überweisung verlangen.

Schulden und finanzielle Not

Ein Schuldenberg kann rasch entstehen. Der Abbau dagegen ist langwierig und mühsam. Schulden können auch die Beziehung belasten. Den Kopf in den Sand zu stecken oder einfach den Partner anzupumpen, sind keine tauglichen Mittel für eine nachhaltige Verbesserung der Situation. Klüger ist es, die Lage ehrlich einzugestehen und eine Schuldensanierung in die Wege zu leiten. Dazu braucht es eine umfassende Übersicht über das Ausmass der Schulden, eine realistische Budgetplanung und vor allem Ausgabendisziplin. Wird die finanzielle Notlage immer bedrückender, sollte man sich auch nicht scheuen, beim Sozialamt anzuklopfen.

Schulden beim Partner

Schulden beim Partner oder bei der Partnerin entstehen täglich und führen zum Glück nur selten zu Problemen. Kauft sie die Kinokarten, bezahlt er ihr seinen Anteil meist sofort oder übernimmt dafür die Bratwurst und das Bier vor dem Kinobesuch (juristisch: Verrechnung). Und manchmal heisst es: Du bist eingeladen (juristisch: Schulderlass). Probleme entstehen dann, wenn die Partnerin ihre Schulden nicht bezahlen kann oder will. Dazu zwei banale Weisheiten:

— Wo nichts ist, ist nichts zu holen.

— Recht haben und zu seinem Recht kommen, ist nicht dasselbe.

Wenn die Partnerin nicht zahlen will oder kann Anders als in der Ehe gelten im Konkubinat keine Sonderbestimmungen: Die Schuldnerin kann nicht verlangen, dass ihr besondere Zahlungsfristen eingeräumt werden. Der Gläubiger wiederum profitiert nicht von einem Verjährungsstopp während der Dauer des Konkubinats. Droht eine Forderung zu verjähren, muss die Verjährung also unterbrochen werden. Dann fängt die Verjährungsfrist wieder von vorne an zu laufen. Geeignete Mittel sind: eine schriftliche Schuldanerkennung der Partnerin, eine Betreibung oder eine Klage bei Gericht.

Die meisten Forderungen verjähren nach zehn Jahren, einige andere – zum Beispiel die Lohnforderung des Arbeitnehmers, Forderungen für Mietzinsen und handwerkliche Arbeiten – aber schon nach fünf Jahren. Am besten klären Sie vor Ablauf von fünf Jahren ab, ob schon Unterbrechungsmassnahmen nötig sind.

Hat die Partnerin oder der Partner kein Geld, um die Schuld zu begleichen, führt allerdings auch eine Betreibung nicht zum Erfolg. Holen Sie daher, um unnötige Auslagen zu vermeiden, zuerst beim zuständigen Betreibungsamt eine Betreibungsauskunft ein. Und versuchen Sie, untereinander eine machbare Ratenzahlung zu vereinbaren. Halten Sie diese Vereinbarung schriftlich fest, wird auch dadurch die Verjährungsfrist unterbrochen.

Will der Partner nicht bezahlen und haben Sie keinen schriftlichen Beleg für die Schuld oder wenigstens Zeugen, stehen die Chancen schlecht, dass Sie zu Ihrem Geld kommen. Oft ist es dann klüger, sich den Gang durch die Ämter zu sparen.

Keine Haftung für Schulden bei Dritten

Im Konkubinat gibt es keine automatische solidarische Haftung. Das gilt sowohl für die Schulden, die der Partner vor der Beziehung hatte, wie auch für solche, die die Partnerin während des Zusammenlebens eingeht. Damit der Lebenspartner von den Gläubigern seiner Freundin belangt werden kann, braucht es immer eine vertragliche Verpflichtung.

Dies kommt allerdings relativ häufig vor. Zum Beispiel wenn beide den Mietvertrag für die Wohnung unterzeichnen, wenn sie zusammen ein Auto leasen oder eine Partnerkreditkarte beantragen. In solchen Fällen entsteht eine Solidarhaftung, und der Gläubiger kann seine Forderung bei beiden Partnern eintreiben (siehe Seite 16).

Nicht immer sind sich Paare der Tragweite ihrer Unterschriften bewusst. Deshalb gilt: Vor der Unterschrift Kleingedrucktes sorgfältig lesen!

Wenn der Partner betrieben wird

Wird der Partner für seine Schulden erfolgreich betrieben, droht ihm die Pfändung (im Handelsregister eingetragenen Personen der Konkurs). Gepfändet werden darf alles, was ihm gehört und was er nicht dringend für seinen Lebensbedarf benötigt. Besitzt er keine pfändbaren Vermögenswerte, kommt es zur Lohnpfändung. Vom Lohn darf aber nur der Teil gepfändet werden, der über dem betreibungsrechtlichen Existenzminimum liegt.

Ein für alle geltendes Existenzminimum gibt es nicht; dieser Betrag wird für jede Person individuell berechnet. Zum Existenzminimum gehören der allgemeine Lebensbedarf, wofür alle Kantone Pauschalen einsetzen, sowie die notwendigsten individuellen Ausgaben wie Miete und Krankenkassenprämien.

Die Lebenspartnerin ist mitbetroffen Lebt der Schuldner nicht allein, wird dies bei der Berechnung des Existenzminimums berücksichtigt. Das Bundesgericht hat klare Leitplanken gesetzt:

— Bei Eheleuten mit oder ohne Kinder wird das Existenzminimum für die ganze Familie errechnet und dann proportional auf die Einkommen der beiden Eheleute verteilt. Das Einkommen des nicht verschuldeten Ehegatten haftet damit zwar nicht direkt für die Schulden des anderen, es wird aber berücksichtigt. Deshalb kann vom Einkommen des Schuldners mehr gepfändet werden, als wenn er allein wäre.

— Auf die gleiche Art wird gerechnet bei Konkubinatspaaren, die gemeinsame Kinder haben. Mitberücksichtigt wird also das Einkommen, das die Partnerin verdient – oder verdienen könnte (BGE 106 III 11).

— Ohne Kinder ist diese Berechnung für Konkubinatspaare unzulässig. Das Einkommen der Lebenspartnerin wird nicht miteinbezogen. Das Amt darf nur die Ersparnisse berücksichtigen, die der Schuldner durch das Zusammenleben hat – bei den Wohnkosten und beim Lebensbedarf. Grundsätzlich darf das Amt die Hälfte der für Verheiratete geltenden Pauschale, das sind laut Richtlinien 775 Franken, und die Hälfte der Wohnkosten im Existenzminimum des Schuldners berücksichtigen (BGE 130 III 765).

Das Amt darf zwar nur Gegenstände pfänden, die dem Schuldner gehören. Kann aber die Wohnpartnerin nicht beweisen, dass pfändbare Gegenstände im gemeinsamen Heim ihr gehören, wird Miteigentum angenommen und der fragliche Gegenstand mitgepfändet. Mit einem Inventar können Sie vorsorgen (siehe Seite 40).

Besonders schlimm ist es, wenn gemeinsames Wohneigentum des Paares mit in ein Betreibungsverfahren gezogen wird. Denn dann droht die Zwangsverwertung (siehe Seite 199).

Schuldensanierung

Warten Sie nicht zu lange zu, wenn es in Ihrer Lebensgemeinschaft finanziell prekär wird. Treten Sie rasch mit Ihren Gläubigern in Kontakt, suchen Sie zusammen mit ihnen Lösungsmöglichkeiten. Für eine wirksame Schuldensanierung brauchen Sie:

— ein realistisches Budget

— ein regelmässiges Einkommen, das über dem betreibungsrechtlichen Existenzminimum liegt

— Disziplin und den Willen, sich über längere Zeit einzuschränken

— meist ein Entgegenkommen der Gläubiger

Welche Art der Schuldensanierung infrage kommt, hängt entscheidend von obigen Faktoren ab. Die möglichen Massnahmen reichen von der Ratenzahlung bis zum Privatkonkurs.

Am besten besprechen Sie Ihre Schuldensanierung mit einer Schuldenberatungsstelle. Wenden Sie sich an eine der seriösen Stellen, die dem Dachverband Schuldenberatung Schweiz angeschlossen sind (www.schulden.ch), oder kontaktieren Sie die Sozialberatungsstelle Ihres Wohnorts. Abzuraten ist von kommerziellen Privatsanierern, die sich in Zeitungsinseraten anpreisen.

Kleinkredite sind keine Lösung – damit schieben Sie das Problem nur hinaus. Und die hohen Zinsen machen den Schuldenberg noch grösser.

Wenn die Partnerin Sozialhilfe benötigt

Wer seinen Lebensunterhalt nicht aus eigenen Mitteln decken kann, hat Anspruch auf staatliche Unterstützung. Fast alle Kantone halten sich bei der Bemessung der Sozialhilfe an die Empfehlungen der Schweizerischen Konferenz für Sozialhilfe, kurz SKOS genannt.

Die Sozialhilfe garantiert das soziale Existenzminimum. Dieses liegt etwas höher als das betreibungsrechtliche Minimum und soll der unterstützten Person einen Lebensstandard sichern, der neben der Befriedigung der Grundbedürfnisse auch eine bescheidene Teilnahme am sozialen Leben ermöglicht – zum Beispiel einen Kino- oder Zirkusbesuch. Zum sozialen Existenzminimum gehören:

— eine Pauschale für den allgemeinen Lebensunterhalt, abgestuft nach Haushaltsgrösse

— die Wohnkosten

— die Gesundheitskosten

— je nach Bedarf Leistungen wie Berufsauslagen oder Kinderbetreuungskosten

 Die Sozialhilfe wird von der Wohngemeinde ausgerichtet. Details zur Bemessung finden Sie in den kantonalen Sozialhilfegesetzen unter www.sozialinfo.ch (→ Rechtsinformationen) und bei der SKOS (www.skos.ch).

So wird die Sozialhilfe berechnet Mitglieder einer Wohn- oder Lebensgemeinschaft haben je einen eigenen Anspruch auf Sozialhilfe. Sie werden also im Unterschied zu Eheleuten nicht als Einheit erfasst. Doch im Ergebnis werden das Konkubinatspaar oder die WG nicht grosszügiger behandelt als die traditionelle Familie. Benötigen beide Lebenspartner Sozialhilfe, wird wie bei einem Ehepaar ein gemeinsames Unterstützungsbudget erstellt. Ist nur ein Partner auf Sozialhilfe angewiesen, wird im Budget für ihn bloss ein Pro-Kopf-Anteil an den Lebenskosten der Gemeinschaft berücksichtigt – in einer Dreier-WG also ein Drittel der Wohnkosten. Leben Kinder unter elf Jahren im gemeinsamen Haushalt, wird ihr Anteil an den Wohnkosten mit dem Faktor 0,5 berücksichtigt.

Arlette und Paula wohnen zusammen. Die Miete für die Wohnung beträgt 1400 Franken. Im Unterstützungsbudget für Paula, die Sozialhilfe benötigt, rechnet das Sozialamt

735 Franken als Pauschale für ihren allgemeinen Lebensbedarf und 700 Franken Wohnkosten an.

Auch Hausarbeit wird bei der Berechnung berücksichtigt. Erledigt beispielsweise die Lebenspartnerin, die Unterstützung braucht, den Haushalt für ihren Freund, können ihr gemäss den Richtlinien der SKOS bis zu 900 Franken fiktives Einkommen angerechnet werden. Betreut sie eines oder mehrere Kinder des Partners, erhöht sich dieser Betrag auf mindestens das Doppelte. Dieses fiktive Einkommen wird vom Unterstützungsbudget abgezogen.

Hat der Lebenspartner eine Beistandspflicht? Zivilrechtlich sind Konkubinatspaare nicht verpflichtet, sich gegenseitig zu unterstützen. Wenn die Lebenspartnerin auf Sozialhilfe angewiesen ist, dürften also bei unverheirateten Paaren weder das Einkommen noch das Vermögen ihres Partners eine Rolle spielen.

Sobald es sich aber um ein stabiles Konkubinat handelt, werden Lebenspartner dennoch zur Unterstützung verpflichtet. Nach den SKOS-Richtlinien gilt ein Konkubinat als stabil, wenn es seit mindestens fünf Jahren besteht oder wenn das Paar mit einem gemeinsamen Kind zusammenlebt. Ist der Partner in der Lage, für seine Freundin aufzukommen, werden die Leistungen reduziert oder können ganz wegfallen. Das Bundesgericht hat diese Praxis genehmigt.

Der Partner wird krank

Es kann plötzlich oder schleichend passieren – der vorher selbständige Partner ist auf Pflege und Unterstützung angewiesen. Ist dieser Zustand nicht nur vorübergehend, sollten Sie frühzeitig die Lage besprechen und professionelle Hilfe holen. Überlegen Sie sich vor allem folgende Punkte: Habe ich genügend Ressourcen, um den Partner selber zu pflegen? Kann ich die Pflege der Partnerin annehmen? Welche Unterstützung ist nötig? Erwarte ich eine Entschädigung?

Den Partner pflegen

Als Laie weiss man kaum, was es heisst, einen kranken Menschen zu pflegen. Deshalb lohnt es sich, mit einer Fachkraft eine Pflegebedarfsabklärung zu machen. Dabei wird abgeklärt, welche Hilfe nötig ist, welche Aufgaben die pflegende Lebenspartnerin (oder der Partner) übernehmen kann und welche Unterstützung von Dritten, beispielsweise der Spitex, geleistet werden kann.

Auch wenn es unangenehm ist, sprechen Sie übers Geld! Erwarten Sie eine finanzielle Abgeltung? Möchten Sie die pflegende Partnerin entschädigen? Ein klares «Kommt nicht infrage» ist genauso in Ordnung wie ein «Ja natürlich». Dann wissen beide, woran sie sind. Wer im Stillen hofft, der Partner oder die Erben würden sich dann schon erkenntlich zeigen, wird womöglich bitter enttäuscht.

Ohne anderslautende Vereinbarung gelten Pflegeleistungen unter Konkubinatspartnern als kostenloser Liebesdienst. Sollen die Dienstleistungen entschädigt werden, braucht es also eine klare schriftliche Abmachung. Bei der Pro Senectute können Sie ein Muster für einen umfassenden Betreuungs- und Pflegevertrag beziehen. Wollen Sie nur die finanzielle Entschädigung regeln, reichen ein paar Zeilen (siehe Kasten).

Pflegevereinbarung

Harry H. erbringt für seine Partnerin Natascha L. folgende Pflege- und Dienstleistungen:

— Hilfe beim An- und Ausziehen
— Hilfe bei der täglichen Körperpflege
— Zubereiten der Mahlzeiten und Hilfe beim Essen

Harry erhält dafür eine monatliche Entschädigung von 1500 Franken, zahlbar bis spätestens am 10. jedes Monats.

Liestal, 25. Mai 2010

Harry H.   Natascha L.

Als Stundenansatz empfiehlt die Pro Senectute 20 bis 25 Franken. Hilfreich beim Festlegen, welche Dienstleistungen zu entschädigen sind, ist das Erhebungsblatt dieser Organisation (www.pro-senectute.ch → Shop → Broschüren und Prospekte).

Ob der kranke Partner eine Entschädigung leisten kann, ist natürlich von seinen finanziellen Möglichkeiten abhängig. Leider werden Pflegeleistungen der Angehörigen nicht von der Krankenkasse bezahlt. Ist der kranke Partner schon im AHV-Alter oder erhält er eine IV-Rente zugesprochen, lohnt sich ein Gesuch für Ergänzungsleistungen. Je nach Pflegebedürftigkeit kann er bei der AHV oder der IV zudem eine Hilflosenentschädigung beantragen. Wenigstens diese zusätzlichen Mittel kann er als Entgelt an seine pflegende Partnerin weitergeben. Mehr Informationen erhalten Sie bei Ihrer AHV-Ausgleichskasse (Adressen zuhinterst im Telefonbuch) oder unter www.ahv-iv.info

Wer entscheidet über die Behandlung?

Die moderne Medizin eröffnet viele Behandlungsmöglichkeiten, auch dort, wo keine Aussicht auf Heilung besteht. Schwerkranke Menschen und ihre Angehörigen können deshalb mit der Frage konfrontiert sein, welche medizinischen Massnahmen erwünscht sind.

Wer bei Sinnen ist, entscheidet selber über seine medizinische Behandlung. Es steht dabei jeder Person frei, die von der Ärztin empfohlene Behandlung durchführen zu lassen oder darauf zu verzichten. Die Ärztin entscheidet erst für ihren Patienten, wenn dieser nicht mehr fähig ist, seine Wünsche zu artikulieren. Mit einer Patientenverfügung können Sie sicherstellen, dass auch dann in Ihrem Sinn gehandelt wird.

Muster von Patientenverfügungen sind bei verschiedenen Organisationen erhältlich, zum Teil gratis. Bezugsquellen finden Sie im Anhang.

Kann eine Patientin nicht mehr selber entscheiden und hat sie auch keine Patientenverfügung verfasst, müssen die behandelnden Ärzte allein über die weitere Behandlung bestimmen. Ihre Entscheide müssen sie nach dem mutmasslichen Willen der Patientin und in ihrem Interesse treffen. Ohne eine Vollmacht haben die Angehörigen kein Bestimmungsrecht. Die Ärzte werden sie aber konsultieren, um den mutmasslichen Willen der Patientin herauszufinden.

Möchten Sie sichergehen, dass der Arzt Ihren Partner zu Rate zieht – und nicht andere Angehörige, etwa einen Noch-Ehemann oder erwachsene Kinder? Soll Ihre Partnerin anstelle des Arztes über medizinische Massnahmen entscheiden? Mit einer Vorsorgevollmacht sorgen Sie für klare Verhältnisse (siehe Anhang, Muster 8).

 Was es braucht, um den Partner in Rechtsgeschäften vertreten zu können, lesen Sie in Kapitel 3 (Seite 76).

Auch wenn es – beispielsweise nach einer Notfalleinlieferung – darum geht, Informationen über den Gesundheitszustand des Partners zu erhalten, ist die Lebensgefährtin oft in einer schwierigen Lage. Denn die Ärzte müssen sich an ihre berufliche Schweigepflicht halten, auch Arzt- oder Patientengeheimnis genannt. Und die kantonalen Gesetze regeln die Rechte von Lebenspartnern meist unzureichend. Deshalb ist es sinnvoll, mit einer schriftlichen Erklärung vorzusorgen und die behandelnden Ärzte von der Schweigepflicht gegenüber der Partnerin zu entbinden. Das können Sie in einer Patientenverfügung tun oder auch in Ihrer Vorsorgevollmacht (siehe Anhang, Muster 8).

 Möchten Sie mehr wissen über Ihre Vorsorgemöglichkeiten für den Fall einer schweren Erkrankung? «Letzte Dinge. Fürs Lebensende vorsorgen – mit Todesfällen umgehen» aus dem Beobachter-Buchverlag zeigt Ihnen im Detail, was Sie alles vorkehren können (www.beobachter.ch/buchshop).

Gute Zeiten, schlechte Zeiten

In einer Partnerschaft kann es auch zu schwierigen Situationen kommen, die die Beziehung belasten. Studien belegen, dass Beziehungsprobleme und Belastungsfaktoren zwar erkannt, meist aber nicht rechtzeitig und/oder ungeschickt angegangen werden. Das ist nicht weiter verwunderlich. Schliesslich hatten wir alle kein Schulfach «Partnerschaftsprobleme und wie man sie meistert». Zeichnen sich Schwierigkeiten in Ihrer Partnerschaft ab, lohnt es sich, frühzeitig Unterstützung von Fachleuten zu holen.

Oft wirken sich auch Streitigkeiten eines Partners mit einer aussenstehenden Drittperson belastend auf die Paarbeziehung aus. Kommt es zu einer Zivilklage vor Gericht oder ist der Partner gar Angeschuldigter in einer Strafsache, kann es passieren, dass die Lebenspartnerin als Zeugin befragt wird. Hier gelten besondere Regeln. Keine Bagatelle ist Gewalt in der Partnerschaft. Sind Sie davon betroffen – als Opfer oder Täter –, sollten Sie sich sofort an entsprechende Beratungsstellen wenden, bevor die Situation noch weiter eskaliert.

Professionelle Hilfe für Paare

Über 40 Prozent aller Ehen werden geschieden, in städtischen Verhältnissen sind es sogar 50 Prozent. Von gescheiterten Lebenspartnerschaften existieren keine Zahlen. Die Trennungsrate dürfte aber kaum tiefer liegen. Doch Krisen in einer Partnerschaft müssen nicht zwangsläufig zur Trennung führen. Die meisten Schwierigkeiten lassen sich dank Kooperation und einer guten Gesprächskultur meistern. Und diese Fähigkeiten kann man mithilfe von Fachleuten erlernen.

> Einhellig wird in Fachkreisen immer wieder betont, dass es wichtig ist, sich frühzeitig Hilfe zu holen. Je länger ein Konflikt schwelt, umso schwieriger wird es, «den Rank» wieder zu finden.

Paarberatung, Paartherapie, Paarcoaching Wer Hilfe sucht, findet verschiedene Angebote. In einer Paarberatung und Paartherapie geht es im Wesentlichen um das Aufarbeiten grundlegender Themen wie Nähe und Distanz, Autonomie der Partner oder Langeweile und Leidenschaft. Es geht auch darum, gangbare Lösungen für aktuelle Probleme zu finden. Ziel ist eine umfassende Verbesserung und Neugestaltung der Paarbeziehung.

Bei der Paarmediation und dem Paarcoaching geht es weniger um Paardynamik und den Gefühlshaushalt. Im Vordergrund steht das Lösen aktueller, konkreter Probleme – zum Beispiel der Umgang mit den Finanzen, die Aufteilung der Berufs- und Haushaltsarbeit. Solche Unterstützungsangebote können wenige Wochen bis mehrere Monate dauern, je nach Bedarf. Ein Erstgespräch ist meist gegen eine geringe Gebühr oder gar kostenlos erhältlich. Viele Beratungsstellen verrechnen im Übrigen den finanziellen Möglichkeiten des Paares angepasste Tarife.

Vor der Wahl Ihres Beraters, Ihrer Beraterin prüfen Sie am besten verschiedene Angebote. Fragen Sie nach der Ausbildung, der Praxiserfahrung und den Kosten. Vertrauen Sie beim ersten Gespräch auch auf Ihr Bauchgefühl: Stimmt die Chemie zwischen der Beraterin und beiden Partnern nicht auf Anhieb, sind Sie noch nicht am richtigen Ort (Adressen erhalten Sie über die Gemeindeverwaltung oder unter www.paarberatung.ch).

Lebenspartner in Zivil- oder Strafprozess

Ist Ihr Lebenspartner Kläger oder Beklagter in einem Zivilprozess oder ist er wegen eines Delikts angeschuldigt, kann es passieren, dass Sie als Zeugin vorgeladen werden. Entgegen einer weitverbreiteten Meinung ist es einem nicht freigestellt, ob man vor Gericht aussagen will oder nicht. Zeugnis ablegen ist keine Gefälligkeit, sondern Bürgerpflicht. Und wer aussagt, muss die Wahrheit sagen. Wer lügt, riskiert eine Freiheits- oder Geldstrafe.

Die Aussage verweigern Nach heutigem Recht darf man als Zeuge oder Zeugin in einem Strafprozess die Aussage immer dann verweigern, wenn man sich dadurch selbst belasten würde. Besteht diese Gefahr nicht oder geht es um eine zivilrechtliche Streitigkeit, muss man aussagen. Ansonsten droht Busse – es sei denn, das Gesetz erkennt einem ein Zeugnisverweigerungsrecht zu. Eheleute haben dieses Recht; das Gesetz will damit ihre Vertrauensbeziehung schützen und sie vor einem Gewissens- und Interessenkonflikt bewahren. Natürlich besteht ein solcher Konflikt auch in nichtehelichen Lebenspartnerschaften. Trotzdem geniessen Konkubinatspaare nur in einigen Kantonen ein Zeugnisverweigerungsrecht. Immerhin ist Besserung in Sicht: Seit dem 1. Januar 2007 dürfen eingetragene Lebenspartner die Aussage verweigern. Und auch die beiden Vorentwürfe für eine eidgenössische Zivil- und Strafprozessordnung sehen ein generelles Zeugnisverweigerungsrecht für alle Lebenspartnerschaften vor (diese Gesetze sollen 2011 in Kraft treten).

 Einige Kantone kennen das Zeugnisverweigerungsrecht auch für Verlobte. Sich als verlobt zu bezeichnen, kann also ein Ausweg sein, wenn Sie aussagen müssen. Eine Verlobung kann formlos eingegangen und genauso formlos wieder aufgelöst werden. Es entsteht auch kein klagbarer Anspruch auf eine Heirat.

Gewalt in der Partnerschaft

Leider kommt sie vor, Gewalt in der Partnerschaft. Zum Glück endet sie nur in seltenen Fällen tödlich. Das macht es aber nicht besser. Gewalt ist in jeder Form inakzeptabel. Das Opfer, das die Schläge provoziert haben soll, oder die angeblich ausgerutschte Hand sind nichts als feige Ausreden. Allein verantwortlich ist immer derjenige, der Gewalt ausübt. Nie sein Opfer! Und wer einmal zuschlägt, tut es meist wieder – allen gegenteiligen Beteuerungen zum Trotz.

Es gibt auch Frauen, die ihre Männer prügeln. Sie sind jedoch in der Minderheit. Meist sind die Opfer weiblich. In jüngster Zeit werden vermehrt Anstrengungen unternommen, um gegen Gewalt in der Partnerschaft vorzugehen. Das Allerwichtigste ist aber, dass Täter und Opfer das Thema nicht totschweigen, sondern sofort fachliche Hilfe holen.

Gewalt ist strafbar Häusliche Gewalt – von der Tätlichkeit über sexuelle Nötigung bis zum Tötungsdelikt – ist eine strafbare Handlung. Je nach Delikt drohen Bussen oder langjährige Freiheitsstrafen. Seit dem 1. April 2004 wird jede Art von häuslicher Gewalt von Amtes wegen verfolgt (früher brauchte es für einige Delikte wie zum Beispiel einfache Körperverletzung immer einen Strafantrag des Opfers). Auch hetero- und homosexuelle Lebenspartner sind vom Gesetz erfasst, sofern sie einen gemeinsamen Haushalt führen und die Tat während des Zusammenlebens oder innert einem Jahr nach der Trennung begangen wurde.

Auch ins Zivilgesetzbuch wurden neue Bestimmungen zum Schutz der Opfer aufgenommen: Das Gericht kann veranlassen, dass ein gewalttätiger Partner aus der gemeinsamen Wohnung vorübergehend ausziehen muss. Ausserdem kann es ihm verbieten, die unmittelbare Umgebung der Wohnung zu betreten oder sich dem Opfer zu nähern und mit ihm Kontakt aufzunehmen. Neu kann das Gericht sogar den Mietvertrag auf das Opfer von häuslicher Gewalt alleine übertragen, sofern der Vermieter zustimmt. Das neue Gesetz sieht zudem vor, dass die Kantone Informations- und Beratungsstellen einrichten, um häusliche Gewalt zu vermeiden und Rückfälle gewalttätiger Personen zu verhindern.

Opferhilfe Wer Opfer häuslicher Gewalt geworden ist, kann staatliche Opferhilfe beanspruchen. Laut der Opferhilfestatistik des Bundesamts für Statistik werden jährlich in der ganzen Schweiz gegen 25 000 Beratungen durchgeführt. Davon hatten mehr als die Hälfte einen familiären Hintergrund. Die Hilfe wird unabhängig davon gewährt, ob der Täter ermittelt worden ist und ob ihn eine Schuld trifft.

Die Opfer häuslicher Gewalt haben Anspruch auf kostenlose Beratung, Information und Begleitung durch eine anerkannte Opferberatungsstelle. In dringenden Fällen ist auch kostenlose Soforthilfe möglich. Zum Beispiel eine Krisenintervention durch eine Psychotherapeutin, ärztliche Abklärung, juristische Erstberatung durch einen Anwalt, die Vermittlung einer Notunterkunft oder andere Sicherheitsvorkehrungen. Ist weitere Hilfe nötig, wie eine Psychotherapie oder anwaltliche Vertretung, vermittelt die Opferhilfestelle geeignete Adressen. Auch diese Kosten werden übernommen, wenn es die persönlichen und finanziellen Verhältnisse des Opfers erfordern.

Ingrid wird von ihrem Partner Lukas immer wieder verprügelt. Als er auch ihre Tochter bedroht, fasst Ingrid endlich den Mut, sich an eine Opferberatungsstelle zu wenden. Diese vermittelt Mutter und Tochter sofort eine Notunterkunft und einen Beratungstermin bei einer Anwältin.

Frauen und Kinder, die von Gewalt bedroht sind, können in ein Frauenhaus flüchten. Die Frauenhäuser sind rund um die Uhr telefonisch erreichbar. Sie bieten neben einer geschützten Unterkunft auch Beratung und Begleitung an. Die Adressen der Frauenhäuser sind geheim. Anlaufstellen finden Sie im Anhang und unter www.frauenhaus-schweiz.ch

Dank den neuen Gewaltschutzbestimmungen können Opfer von häuslicher Gewalt aber auch die sofortige Ausweisung des gewaltausübenden Partners bis zur Übertragung des Mietvertrags erwirken.

Wichtig ist, sich so schnell wie möglich an eine Opferhilfestelle zu wenden. Adressen in Ihrer Region finden Sie im Anhang und unter www.opferhilfe-schweiz.ch

Täterhilfe Und die Männer? Sind Sie selbst Opfer häuslicher Gewalt, wenden Sie sich am besten an eine Opferberatungsstelle. Häufiger geht die Gewalt jedoch von den Männern aus. Viele wollen eigentlich keine Gewalt anwenden, trotzdem passiert es. Holen Sie sich sofort Hilfe bei einer Beratungsstelle für gewalttätige Männer. Die Beratungen sind vertraulich. Adressen finden Sie im Anhang sowie im Internet unter www.stoppmaennergewalt.ch

Kinder im Konkubinat

Startklar fürs Abenteuer Familie? Dieses Kapitel führt Sie an den wichtigsten Wegmarken vorbei: Kindesanerkennung, Unterhaltsvertrag, gemeinsames Sorgerecht. Zudem finden Sie ein paar Hinweise, wie man mit der Veränderung im Beziehungsgefüge klarkommt. Und auch vom Zusammenleben mit nicht gemeinsamen Kindern ist die Rede.

Eltern werden

Wenn ein Kind in Ihre Partnerschaft kommt, gilt das, was sich wie ein roter Faden durchs Konkubinatsleben zieht, erst recht: Sie müssen einiges selber regeln. Denn die gesetzlichen Bestimmungen für Kinder unverheirateter Eltern sehen nicht automatisch vor, dass der Partner auch rechtlich zum Vater des Kindes wird oder dass das Paar die gemeinsame elterliche Sorge hat. Zudem ist zu klären, wer wie viel an den Unterhalt des Kindes zahlt.

Ein Nachteil, dass Sie sich so viele prosaische Gedanken machen müssen? Nicht unbedingt, Sie werden das Abenteuer Elternschaft von Beginn weg viel bewusster angehen. Die Vorfreude auf das Baby muss deswegen nicht zu kurz kommen.

 Was bei einer Trennung gilt und wie Sie dann im Interesse der Kinder für eine gute Lösung sorgen, erfahren Sie in Kapitel 9 (Seite 206).

Der Vater muss sein Kind anerkennen

Schon bei der Geburt eines Kindes ist sonnenklar, wer seine Mutter ist. Beim Vater ist das nicht so eindeutig – deshalb widmet das ZGB der Vaterschaft mehrere Artikel.

Ist ein Mann mit einer Frau verheiratet, gilt er von Gesetzes wegen als Vater ihrer Kinder – selbst wenn er das gar nicht ist. Nicht so der Konkubinatsvater. Auch wenn Sie mit der Mutter Ihres Kindes zusammenleben und eine ganz «normale» Familie sind, werden Sie rechtlich gesehen erst mit der formellen Anerkennung zum Vater. Nur so entsteht das Verwandtschaftsverhältnis zwischen Ihnen und Ihrem Sohn oder Ihrer Tochter.

Sie können Ihr Kind bei jedem Zivilstandsamt in der ganzen Schweiz anerkennen. Vereinbaren Sie dafür am besten telefonisch einen Termin und fragen Sie, welche Dokumente Sie mitbringen müssen. Die Beurkundung der Vaterschaft kostet 60 Franken. Ist ein Elternteil nicht Schweizer Bürger, kostet die Prüfung seiner Dokumente noch zusätzlich.

Am einfachsten anerkennen Sie Ihr Kind schon vor seiner Geburt. Nachher ist das zwar auch noch möglich, länger als ungefähr einen Monat sollten Sie aber nicht zuwarten. Sonst meldet sich die Vormundschaftsbehörde bei Ihrer Partnerin. Denn eine Aufgabe dieser Behörde ist es, die Vaterschaft unehelicher Kinder festzustellen, damit ein Unterhaltsvertrag abgeschlossen werden kann (siehe S.131).

Ist es meines? **Der Vaterschaftstest** Wenn Sie sich gemeinsam für eine Familie entschlossen haben und sich auf Ihr Kind freuen, brauchen Sie keinen Vaterschaftstest. Auch für die Anerkennung wird keiner verlangt. Möchten Sie trotzdem einen Test, müssen Sie bis nach der Geburt des Babys warten. Jährlich werden in den Schweizer Instituten für Rechtsmedizin rund 800 Vaterschaften abgeklärt. Dazu kommen schätzungsweise mehrere Hundert Fälle, die in Privatlabors untersucht werden. Ein Vaterschaftstest bei einem Institut für Rechtsmedizin (Basel, Bern, Genf, Lausanne, St. Gallen und Zürich) kostet 1500 Franken. Private Labors sind ein paar Hundert Franken günstiger.

Die Schweiz kennt strenge Vorschriften für Vaterschaftstests. Sie sind nur mit dem Einverständnis aller Beteiligten erlaubt. Mit dem neuen Gesetz über genetische Untersuchungen beim Menschen, das seit April 2007 in Kraft ist, sind heimliche Tests sogar strafbar. Es droht Freiheits- oder Geldstrafe.

Wenn die Mutter noch verheiratet ist

Heute ist es nicht mehr ungewöhnlich, dass eine noch verheiratete Frau das Kind ihres neuen Lebenspartners zur Welt bringt. Das Gesetz allerdings hinkt den neuen gesellschaftlichen Realitäten hinterher. Laut ZGB gilt immer der Ehemann als Vater. Dies auch dann, wenn die Eheleute schon jahrelang getrennt leben. Selbstverständlich lässt sich das korrigieren. Das Verfahren kostet aber Zeit und Geld und es braucht die Mithilfe des Ehemanns.

Um nicht als Vater im Familienregister eingetragen zu werden, muss der (Noch-)Ehemann seine Vaterschaft vor Gericht anfechten. Pikant: Die Mutter und der wirkliche Erzeuger haben kein Klagerecht. Will der Ehemann nichts unternehmen, müssen sich die biologischen Eltern an die Vormundschaftsbehörde wenden. Diese kann einen Beistand beauftragen, im Namen des Kindes zu klagen. Sie wird aber zuerst prüfen, ob das wirklich im Interesse des Kindes ist.

Der Nachweis der Nichtvaterschaft wird heute dank DNA-Test mit fast hundertprozentiger Sicherheit erbracht. Sobald das Gericht die Klage gutgeheissen hat, wird der Ehemann als Vater aus dem Familienregister gelöscht, und zwar rückwirkend auf den Zeitpunkt der Geburt. Erst jetzt kann der wirkliche Vater sein Kind anerkennen.

Bei Schwangerschaft sofort scheiden! Diese Umtriebe können sich alle Beteiligten sparen, wenn das Kind erst nach der rechtskräftigen Scheidung auf die Welt kommt. Herrscht Gewissheit über die Schwangerschaft, dauert es allerdings nur noch ein paar Monate bis zur Geburt. Es ist also Eile geboten.

 Reicht die Zeit nicht mehr für eine rechtzeitige Scheidung, kommen Sie um einen Gerichtsprozess nicht herum. Der Beweis, dass der Noch-Ehemann nicht der Vater ist, muss in der Regel mit einem offiziellen DNA-Test erbracht werden. Das allein kostet über 1000 Franken. Fragen Sie das Gericht, ob es auf diesen teuren Nachweis verzichtet, wenn der Lebenspartner vor Gericht erklärt, sein Kind nach dem Prozess sofort anzuerkennen, und bereits einen von der Vormundschaftsbehörde ausgearbeiteten Unterhaltsvertrag vorlegt.

Name und Bürgerrecht des Kindes

Schon lange vor der Geburt diskutieren Eltern hin und her und suchen den schönsten Vornamen für ihr Kind. Sind Konkubinatseltern uneinig, hat die Mutter den Stichentscheid – wenn die beiden nicht das gemeinsame Sorgerecht vereinbart haben (siehe Seite 121). Den Nachnamen des Kindes bestimmt das Gesetz: Es ist bei unverheirateten Eltern derjenige der Mutter. Dies auch dann, wenn die Eltern das gemeinsame Sorgerecht vereinbaren. Führt die Mutter einen Doppelnamen aus früherer Ehe – zum Beispiel Sommer Meier –, erhält das Kind nur den ersten Namen, heisst also Sommer. Hat das Kind nicht das Schweizer Bürgerrecht, gibt es Ausnahmen von diesen Regeln. Über die Details informiert das örtliche Zivilstandsamt.

 Heiraten die Eltern nachträglich, erhält das Kind automatisch den Familiennamen der Eltern und das Bürgerrecht des Vaters. Dies gilt auch dann, wenn die Heirat erst viele Jahre nach der Geburt stattfindet – selbst wenn das Kind unterdessen bereits erwachsen ist.

Die Mutter ist noch verheiratet Kommt das Kind vor der Scheidung einer noch bestehenden Ehe der Mutter auf die Welt, erhält es den Familiennamen des (Noch-)Ehemanns. Das bleibt auch so, wenn die Mutter nach der Scheidung ihren Namen ändert.

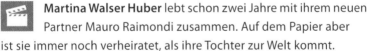 **Martina Walser Huber** lebt schon zwei Jahre mit ihrem neuen Partner Mauro Raimondi zusammen. Auf dem Papier aber ist sie immer noch verheiratet, als ihre Tochter zur Welt kommt. Das Kind wird als Deborah Huber im Familienregister eingetragen. Kurze Zeit später ist die Scheidung endlich vollzogen, und Martina nimmt wieder ihren Mädchennamen an, heisst also nun Walser. Die Tochter aber heisst weiterhin Huber, der Vater Raimondi.

Nur durch eine Heirat ihrer Eltern würde Deborah automatisch den Familiennamen erhalten, den diese gewählt haben. Ohne Heirat ist

eine Namensänderung nur über ein formelles Namensänderungsgesuch möglich.

Namensänderungsgesuch Möchten Sie aus welchen Gründen
auch immer eine Namensänderung für Ihr Kind, ist ein Gesuch bei
der Regierung des Wohnsitzkantons des Kindes nötig. Im Kanton
Zürich zum Beispiel ist das Gemeindeamt direkt zuständig, in Basel-
Stadt die Rechtsabteilung des Justizdepartements. Das Verfahren ist
nicht gratis; der Kanton Aargau etwa verlangt für einen formellen
Entscheid zwischen 300 und 1000 Franken zuzüglich Auslagen.

Eine Namensänderung darf laut Gesetz nur bewilligt werden,
wenn wichtige Gründe vorliegen. Wann dies zutrifft, wird von Kanton zu Kanton unterschiedlich beurteilt. Und wenn die Praxis in Ihrem Wohnsitzkanton streng ist, lohnt es sich in der Regel nicht, den
Fall weiterzuziehen. Vom Bundesgericht ist seit 1995 kaum Hilfe zu
erwarten, wie folgende zwei Urteile zeigen:

 BGE 121 III 145: Die Tatsache, dass die Eltern in einem stabilen Konkubinat leben, genügt allein noch nicht, dass das
Kind den Namen des Vaters annehmen darf. Das Gesuch muss vielmehr aufzeigen, dass dem Kind ernsthafte soziale Nachteile entstehen, wenn es den Namen der Mutter führt.

 Bundesgerichtsentscheid 5C.84/2003: Ein zehnjähriger
Junge musste nach der Scheidung seiner Mutter weiterhin den Familiennamen ihres Exmannes tragen. Dies, obwohl er
mit seinem richtigen Vater zusammenlebte. Da die Mutter nach
der Scheidung wieder ihren ledigen Namen annahm, trugen Vater,
Mutter und Kind verschiedene Namen. Das Gericht sah darin
keinen Grund für eine Namensänderung.

Um unnötige Kosten zu vermeiden, informieren Sie sich
am besten zuerst informell bei der zuständigen Stelle über
die Chancen eines Namensänderungsgesuchs.

Das Bürgerrecht Das Kind nicht verheirateter Schweizer Eltern erhält das Bürgerrecht seiner Mutter. Heiraten die Eltern später, erhält das Kind das Bürgerrecht des Vaters und verliert jenes der Mutter. Bei schweizerisch-ausländischen Eltern gibt es zwei Situationen:

— Ist die Mutter Schweizerin und der Vater Ausländer, erhält das Kind das Schweizer Bürgerrecht.

— Ist die Mutter Ausländerin und der Vater Schweizer, erhält das Kind das Schweizer Bürgerrecht, sofern es nach dem 1. Januar 2006 zur Welt gekommen ist (und vom Vater anerkannt wurde). Kinder, die vor dem 1. Januar 2006 geboren wurden, können sich erleichtert einbürgern lassen.

Auskunft erhalten binationale Elternpaare beim Bundesamt für Migration (Adresse im Anhang). Haben beide Eltern einen ausländischen Pass, sagt die Rechtsordnung ihres Heimatlands bzw. ihrer Heimatländer, was gilt. Auskunft erhalten Sie bei der Botschaft oder beim Konsulat.

Der Alltag mit dem Kind

Bestimmt haben Ihnen andere Eltern aus Ihrem Bekanntenkreis schon prophezeit, dass das Kind Ihr Leben auf den Kopf stellen wird. Und Sie haben sich darauf eingestellt, dass alles neu sein wird. Haben sich zum Beispiel Gedanken über die Rollenverteilung gemacht und sich vorgenommen, Ihrer Paarbeziehung genügend Zeit zu widmen. Und wie steht es im Konkubinat mit den Elternrechten und -pflichten?

Die elterliche Sorge

Die elterliche Sorge dauert von der Geburt bis zum 18. Geburtstag des Kindes. Wer das Sorgerecht hat, trägt die elterliche Verantwortung und bestimmt über die wesentlichen Themen im Leben des Sohnes oder der Tochter. Dazu gehören insbesondere:

— Pflege und Schutz des Kindes

— Erziehung und Ausbildung

— grundlegende Entscheide über die Gesundheitsvorsorge und die Behandlung von Krankheiten

— gesetzliche Vertretung

— Verwaltung des Kindesvermögens

Mit der Geburt erhält die Mutter automatisch die elterliche Sorge über ihr Kind (das wäre nur anders, wenn sie noch nicht 18 oder bevormundet wäre). Anders der Vater: Ist er nicht mit der Mutter verheiratet, erhält er das Sorgerecht nur, wenn sie damit einverstanden ist.

Solange Sie als Familie zusammenleben und sich in Erziehungsfragen mehr oder weniger einig sind, hat dies im Alltag kaum einen Einfluss. Sie werden sich gemeinsam um Ihr Kind kümmern, zusammen für eine gute Umgebung sorgen und sich über seine Entwicklung freuen. Anders sieht es für den Vater aus, wenn grössere Unstimmigkeiten auftreten oder wenn die Eltern sich trennen.

Die Rechte des unverheirateten Vaters Der Vater ohne elterliche Sorge hat das Recht, vor Entscheidungen, die für die Entwicklung des Kindes wichtig sind, angehört zu werden. «Anhörung» heisst, er darf seine Meinung sagen und Vorschläge machen. Die Mutter muss diese aber nicht berücksichtigen. Über besondere Ereignisse im Leben des Kindes – zum Beispiel eine bevorstehende Operation oder eine wichtige Prüfung – muss der Vater informiert werden. Bei Drittpersonen, die an der Betreuung des Kindes beteiligt sind – also beim Lehrer oder bei der Kinderärztin –, darf er wie die Mutter Auskünfte über den Zustand und die Entwicklung seines Kindes einholen.

Leben die Eltern getrennt, haben der Vater und das Kind Anspruch auf **persönlichen Kontakt.** Dazu gehören neben dem Besuchsrecht auch Telefongespräche sowie Brief- und Mailverkehr. Können sich die Eltern selber über das Besuchsrecht einigen, greift bei nicht verheirateten Paaren keine Behörde ein. Werden sie sich nicht einig, kann sich der Vater oder die Mutter an die Vormundschaftsbehörde wenden. Zuständig ist die Behörde am Wohnsitz des Kindes.

Fachleute betonen immer wieder, wie wichtig der regelmässige Kontakt zum auswärts wohnenden Elternteil für die Entwicklung des Kindes ist. In Streitfällen allerdings setzen die Behörden nur ein minimales Besuchsrecht fest. Für schulpflichtige Kinder ist üblich: jedes zweite Wochenende, allenfalls bereits ab Freitagabend, sowie gewisse Feiertage. Dazu kommt ein Ferienbesuchsrecht von zwei bis vier Wochen im Jahr. Sind die Kinder erst im Vorschulalter, beschränkt sich das Besuchsrecht meist auf zwei halbe Tage pro Monat. Nichts hindert Sie jedoch daran, das Besuchsrecht in gemeinsamem Einverständnis – und Ihrem Kind zuliebe – grosszügiger zu handhaben.

Das gemeinsame Sorgerecht Möchten Sie beide dieselben Elternrechte und -pflichten gegenüber Ihren Kindern, können Sie bei der Vormundschaftsbehörde die gemeinsame elterliche Sorge beantragen. Dazu müssen Sie der Behörde eine detaillierte Vereinbarung vorlegen, in der Sie festhalten, wie Sie die Kinderbetreuung und die Unterhaltskosten untereinander aufteilen und wie Sie im Fall einer Trennung vorgehen wollen. Hat sich die Behörde davon überzeugt, dass das gemeinsame Sorgerecht im Interesse des Kindes ist, wird Ihr Gesuch bewilligt.

Am besten gehen Sie bei der Vormundschaftsbehörde oder der Elternberatungsstelle vorbei. Dort setzt man mit Ihnen zusammen den Sorgerechts- und/oder Unterhaltsvertrag auf. Im Anhang finden Sie Muster für Ihre eigenen Regelungen (Muster 10 und 11). Nicht alle Behörden akzeptieren allerdings selbstverfasste Verträge. Fragen Sie vorher nach, wie das an Ihrem Wohnort gehandhabt wird.

Übrigens: Für die Beratung und die Prüfung des Gesuchs durch die Behörden wird eine Gebühr erhoben. Diese richtet sich nach den kantonalen Ansätzen. In der Stadt Zürich zum Beispiel sind je nach Einkommen zwischen 300 und 500 Franken zu bezahlen. Und wenn ein zweites oder drittes Kind auf die Welt kommt, müssen Sie für dieses eine neue Sorgerechtsvereinbarung abschliessen und nochmals Gebühren bezahlen.

 Über etwas müssen Sie sich – vor allem als Mutter – im Klaren sein: Das gemeinsame Sorgerecht gilt auch über eine allfällige Trennung hinaus. Sie können es Ihrem Partner nicht einfach wieder entziehen. Einen Entzug kann nur die vormundschaftliche Aufsichtsbehörde verfügen. Das tut sie jedoch nur, wenn wichtige Gründe dafür sprechen.

Werden Kinder ehelich geboren, haben Vater und Mutter automatisch gemeinsam die elterliche Sorge inne. Es ist nicht einzusehen, weshalb für Eltern, die in einem stabilen Konkubinat leben, etwas anderes gelten soll. Wenn der Konkubinatsvater bereit ist, zusammen mit der Mutter die Erziehungsverantwortung für die Kinder zu tragen, sollte er dies auch tun dürfen. Lassen Sie sich aber ruhig Zeit für Ihren Entscheid. Sie müssen nicht pressieren. Die Vereinbarung über das gemeinsame Sorgerecht ist an keine Frist gebunden; Sie können sie auch erst abschliessen, wenn Sie sich als Trio im Alltag zurechtgefunden haben.

Was gilt beim Tod eines Elternteils?

Haben Mutter und Vater das gemeinsame Sorgerecht vereinbart, erhält beim Tod des einen Elternteils automatisch der andere das alleinige Sorgerecht für die Kinder.

Wenn nur die Mutter das Sorgerecht hat, schaltet sich bei deren Tod die Vormundschaftsbehörde ein. Sie muss für die gesetzliche Vertretung des Kindes sorgen und abklären, wo es in Zukunft wohnt. Lebte die ganze Familie zusammen in einem Haushalt, ist dies eine reine Formsache: Der Vater erhält das Sorgerecht für sein Kind.

Gesetzesänderung zur gemeinsamen elterlichen Sorge

Das Schweizer Recht hinkt punkto gemeinsamer elterlicher Sorge der Rechtsentwicklung in Europa hinterher. Die Mehrheit der europäischen Staaten sieht im Gegensatz zur Schweiz das gemeinsame Sorgerecht auch dann als Regel vor, wenn die Eltern sich scheiden lassen oder gar nicht heiraten. Der Bundesrat hat deshalb anfangs 2009 eine entsprechende Gesetzesrevision in die Vernehmlassung geschickt. Danach hätten auch unverheiratete Eltern automatisch das gemeinsame Sorgerecht erhalten sollen, sobald der Vater sein Kind anerkannt hat. Dank diesem neuen Gesetz hätten die Eltern keinen Vertrag über die gemeinsame elterliche Sorge mehr abschliessen müssen, und auch ein Unterhaltsvertrag für das Kind wäre nicht mehr nötig gewesen. Weil dieser Vorschlag des Bundesrates in der Vernehmlassung keine Mehrheit fand, sollen weiterhin nur verheiratete Eltern automatisch die gemeinsame elterliche Sorge erhalten und neu auch bei einer Scheidung in der Regel beibehalten können. Für unverheiratete Paare wird es nach wie vor kein automatisches gemeinsames Sorgerecht geben. Die gemeinsame elterliche Sorge soll wie bis anhin möglich sein, wenn sich die Mutter damit einverstanden erklärt, oder neu, wenn ein Gericht auf Klage des Vaters die gemeinsame elterliche Sorge verfügt.

Der Bundesrat hat nun das eidgenössische Justiz- und Polizeidepartement beauftragt, eine entsprechende Gesetzesvorlage auszuarbeiten. Die Gesetzesrevision wird frühestens auf den 1. Januar 2012 in Kraft treten. Zuvor braucht es noch die Zustimmung von National- und Ständerat. Und es wäre nicht das erste Mal, dass die eidgenössischen Räte einen Gesetzestext nochmals abändern. Die automatische gemeinsame elterliche Sorge für unverheiratete Eltern ist also noch nicht definitiv vom Tisch.

Alles anders mit dem Kind

Kommt das erste Kind zur Welt, wird die Frau zur Mutter, der Mann zum Vater, und das Liebespaar wird Eltern. Ein bisschen viel aufs Mal! Oft überschäumen die Emotionen, Glücksgefühle mischen sich mit Zweifeln und Ängsten. Geniessen Sie Ihr Glück, heulen Sie ruhig los vor lauter Freude! Lassen Sie aber auch den Zweifeln und Ängsten Raum. Solche zu haben, ist ganz normal. Schliesslich ist die Gründung einer Familie mit Sicherheit das grösste Projekt in Ihrem Leben.

Der Übergang vom Paar zur Familie mit Kind ist ein grosser Einschnitt im Beziehungsalltag. Einfache Rezepte für ein erfolgreiches Familien- und Paarleben gibt es nicht. Jede Familie muss ihr eigenes finden. Wichtig ist, dass Sie sich den Herausforderungen stellen und bereit sind, an der Beziehung zu arbeiten. Wie ein guter Freundeskreis will auch die Paarbeziehung gepflegt sein. Sind Kinder da, gilt das umso mehr. Holen Sie sich ruhig Hilfe: Elternkurse oder nur schon der Austausch mit anderen Familien können wertvolle Anregungen vermitteln.

💡 Reden Sie über all diese Fragen – und zwar, bevor das Kind auf der Welt ist, oder noch besser: schon vor einer Schwangerschaft. So vermeiden Sie unliebsame Überraschungen! Anregungen zur Rollenverteilung und viele weitere Informationen zum Familienstart finden Sie im Beobachter-Handbuch «Abenteuer Familie – Rechtsfragen, Finanzen, Organisation. So gelingt der Familienstart» (www.beobachter.ch/buchshop).

Die Beziehung pflegen Es sind die kleinen Aufmerksamkeiten, die eine Beziehung im Schuss halten:

— Den anderen fragen: «Wie war dein Tag?» – auch wenn man müde ist.

— Loben und preisen, wie toll der Partner dieses und jenes macht.

— Blumen machen der Mutter nicht nur am Muttertag Freude – dem Vater auch.

— Dem Partner, der Partnerin Freizeit schenken: «Geh heute Abend ruhig noch mit den Arbeitskollegen auf ein Bier, ich warte auf dich.» Oder: «Ich komme morgen Nachmittag früher heim und schaue zum Kind, damit du mit der Freundin ins Hamam gehen kannst.»

Zeitinseln, in denen die Eltern wieder nur zu zweit sein dürfen, halten die Beziehung lebendig. Bei Wilma und Chris zum Beispiel hütet jeweils am Donnerstagabend der Götti die kleine Alischa; die Grossmama von Reto kommt jeden zweiten Samstagnachmittag und bleibt über Nacht. So können die Eltern regelmässig zusammen ins Kino oder ohne Kind zu Freunden auf Besuch gehen. Auch ein ganzes Wochenende zu zweit ist mit der Unterstützung von lieben Verwandten oder Freunden sicher hin und wieder machbar.

Für eine stundenweise Betreuung kann auch ein Babysitter eine gute Lösung sein. Manche Jugendliche – Mädchen und Jungen – verdienen sich auf diese Weise gerne zusätzliches Taschengeld. Immer mehr von ihnen haben den Babysitterkurs beim Schweizerischen Roten Kreuz absolviert und dort die Grundlagen der Kleinkinderbetreuung erlernt: Wickeln, Zubereiten von Mahlzeiten, Füttern, Vorbeugen von Unfällen und das richtige Reagieren bei Problemen. Die Ansätze für Babysitter bewegen sich zwischen 6 und 15 Franken pro Stunde.

> 💡 Babysitter-Adressen erhalten Sie bei einigen Sektionen des Roten Kreuzes, bei Nachbarschaftshilfen oder bei Kleinkind- und Familienberatungsstellen. Oder fragen Sie andere Familien in Ihrer Umgebung nach deren Erfahrungen.

Elternkurse bringen Anregung In den Säuglingskurs geht man, das ist Standard. In Elternbildungszentren lässt sich aber nicht nur Babywickeln lernen. Es gibt eine Vielzahl von Angeboten: Kurse über Erziehung, Ernährung, die Entwicklung des Kindes – und Kurse, in denen Eltern lernen, wie sie mit ihrer neuen Lebenssituation umgehen können.

Im Internet unter www.elternbildung.ch finden Sie die ganze Palette und sicher auch einen passenden Kurs in Ihrer Region.

Die Rollen neu verteilen Bestimmt haben Sie während der Schwangerschaft oder schon vor der Entscheidung für ein Kind diskutiert, welches Rollenmodell Sie als Familie leben wollen. Bei unseren Grosseltern und Eltern sah der Idealfall so aus: Der Mann bringt das Geld heim, die Frau kümmert sich um den Haushalt und erzieht die Kinder. Heute wollen viele berufstätige Mütter erwerbstätig bleiben, und viele Väter möchten nicht nur die Ernährerrolle spielen.

Und wie finden Sie die ideale Rollenverteilung für Ihre Familie? Am besten gehen Sie beide in einem ersten Schritt von Ihrer Wunschvorstellung aus. In einem zweiten Schritt vergleichen Sie die Ergebnisse. Decken sich Ihre Vorstellungen? Wenn nicht, besteht Diskussionsbedarf.

Und seien wir ehrlich: Beim Entscheid, ob und in welchem Umfang werdende Eltern ihre Erwerbsarbeit zugunsten der Familie reduzieren, spielen die ökonomischen Rahmenbedingungen eine wichtige Rolle. Teilzeitarbeit wird nicht in jedem Betrieb toleriert. Ausserdem zieht ein verändertes Pensum nicht nur eine Einbusse beim Lohn und der sozialen Absicherung nach sich, sondern oft auch bei den Karrierechancen. Auf der anderen Seite kommen heute viele Familien mit nur einem Gehalt kaum mehr über die Runden. All diese Überlegungen gilt es bei der Aufteilung von Familien- und Erwerbsarbeit miteinzubeziehen.

Die Kinderbetreuung organisieren

Viele Eltern können auf die Unterstützung von Verwandten zählen. Der Einsatz der Grosseltern soll nach Schätzungen des Forums für Familienfragen beim Bundesamt für Sozialversicherung einem wirtschaftlichen Wert von zwei Milliarden Franken entsprechen! Doch wenn beide Eltern intensiv berufstätig sind, geht es ohne die Hilfe weiterer Betreuungspersonen nicht. Das Angebot an familienexterner Kinderbetreuung in der Schweiz erreicht zwar noch keine Bestnoten, es ist aber besser als auch schon, vor allem in städtischen Gebieten. Am weitesten verbreitet ist die Betreuung des Kindes bei einer Tagesmutter, in einer Kinderkrippe oder in einem Hort.

Um alle Bedenken gleich von Anfang an zu zerstreuen: Verschiedene Studien belegen, dass eine gute familienergänzende Betreuung die Entwicklung des Kindes fördert. Auch brauchen Sie nicht zu befürchten, dass Ihr Kleines sich Ihnen entfremdet. Der Einfluss von Mutter und Vater ist und bleibt der wichtigste für das Kind.

Die Tagesfamilie Tagesmütter – seltener auch Tagesväter – betreuen Ihr Kind im kleinen, familiären Rahmen, meist zusammen mit eigenen Kindern. In der Schweiz gibt es rund 200 Tagesfamilienorganisationen; die meisten Tagesmütter sind einem solchen Verein angeschlossen. Sie werden in einem Kurs auf ihre Aufgabe vorbereitet und auch später bei ihrer Arbeit begleitet. Zwischen den Eltern und der Tagesmutter wird ein Vertrag abgeschlossen, der die Entschädigung und die Sozialversicherungsabgaben regelt. Zudem übernimmt der Verein den ganzen «Zahlungsverkehr». Das entlastet die Beziehung zwischen den Eltern und der Tagesmutter.

Die finanzielle Unterstützung dieser Organisationen durch die Gemeinden und Kantone ist sehr unterschiedlich. Entsprechend unterschiedlich sind die Kosten; Pro Juventute empfiehlt 6 Franken pro Stunde und Kind.

Hilfe bei der Suche und der Wahl eines geeigneten Platzes finden Sie bei der Sozialberatungsstelle Ihrer Wohngemeinde oder beim Tageselternverein in Ihrer Region (Adresse unter www.tagesfamilien.ch).

Krippe, Hort und Tagesschule In Kinderkrippen und Kindertagesstätten werden Kinder im Vorschulalter betreut. Angeboten werden solche Dienstleistungen von verschiedenen Trägerschaften: Gemeinden, Kirchgemeinden, Frauenvereinen, privaten Organisationen oder Firmen. Die Tarife sind meist vom Einkommen der Eltern abhängig. Je mehr die Eltern verdienen, desto teurer wird der Platz. Attraktive Krippen führen meist eine lange Warteliste. Es lohnt sich daher, sich schon vor der Geburt des Kindes um einen Platz zu bewerben.

Kommt Ihr Kind in den Kindergarten, wechselt es von der Krippe in den Kinderhort. Dort betreuen Hortnerinnen und Sozialpädagoginnen die Kinder vor und nach der Schule und unterstützen sie auch bei den Hausaufgaben. Auch die Horttarife sind sehr unterschiedlich und oft von den finanziellen Verhältnissen der Eltern abhängig. Und auch hier müssen Eltern sich frühzeitig auf Wartelisten eintragen, damit beim Kindergarteneintritt tatsächlich ein Hortplatz frei ist.

Informationen über die Angebote erhalten Sie bei Ihrer Gemeinde, beim Krippenverband oder im Internet unter www.kinderkrippen-online.ch und www.liliput.ch

Ist Ihr Kind schon älter und kann es nach der Schule auch mal allein zu Hause sein, reicht vielleicht ein Mittagstisch als Betreuung. Solche Angebote decken meist die Zeit zwischen frühestens 11 Uhr und 14 Uhr ab. Mittagstische werden von Gemeinden und einzelnen Schulhäusern angeboten, häufig aber auch von Elterngruppen privat organisiert.

In grösseren Städten gibt es schliesslich vermehrt Tagesschulen, in denen die Kinder über Mittag und nach der Schule betreut werden. Staatliche Tagesschulen sind allerdings immer noch die Ausnahme, und private Institutionen sind relativ teuer.

Fragen Sie beim Schulamt frühzeitig nach freien Plätzen. Meist gibt es Wartelisten. Weitere Informationen und Adressen erhalten Sie beim Verein Tagesschulen Schweiz (www.bildung-betreuung.ch).

Betreuung für Notfälle Wenn Kinder krank werden, können sie weder in die Krippe noch zur Tagesmutter. Was tun, wenn beide Eltern berufstätig sind?

— Der Arbeitgeber muss Ihnen bis zu drei Tage freigeben, damit Sie Ihr krankes Kind pflegen können. Wenn nötig, können Sie in dieser Zeit vielleicht die Grosseltern oder eine Nachbarin aufbieten.

— Verschiedene Sektionen des Schweizerischen Roten Kreuzes bieten für solche Engpässe einen Kinderhütedienst an. Der Tarif für diese Dienstleistung ist abhängig vom Einkommen der Eltern und auch kantonal unterschiedlich geregelt. Mehr Informationen erhalten Sie unter www.redcross.ch (→ Entlastung/ Soziale Dienste → Kinderbetreuung zu Hause).

Kinder und Finanzen

Klar: Kinder lassen sich nicht auf einen Kostenfaktor reduzieren, ein paar Gedanken sind die finanziellen Aspekte aber schon wert. Denn Kinder kosten Zeit und Geld. Einerseits sind da die effektiven Auslagen, zum Beispiel für Nahrung, Unterkunft, Kleider, Gesundheit und Ausbildung. Anderseits kosten Kinder auch Zeit, die vor allem von den Frauen aufgewendet wird – oft auf Kosten ihrer Erwerbstätigkeit und ihrer Karrieremöglichkeiten.

Wie hoch die direkten Kinderkosten ausfallen, zeigt eine Studie im Auftrag der Zentralstelle für Familienfragen des Bundesamts für Sozialversicherung: In einem Haushalt mit durchschnittlichem Einkommen betragen die Auslagen für ein Kind von seiner Geburt bis zum 20. Geburtstag rund 340 000 Franken. Weitere Kinder kosten zwischen 150 000 und 180 000 Franken. Eines von mehreren Kindern kommt so pro Monat auf rund 1100 Franken zu stehen, ein Einzelkind auf mindestens 1400 Franken.

Ist das erste Kind da, reduzieren viele Mütter und auch einige Väter ihre Erwerbstätigkeit zugunsten der Familie und büssen so einen Teil ihres Einkommens ein. Auch verschlechtern sich dadurch die Aufstiegs- und Lohnchancen. Zählt man diese indirekten Kinderkosten zu den direkten hinzu, kostet ein Kind, bis es erwachsen ist, zwischen einer halben und einer ganzen Million Franken.

Kinderzulagen: Zustupf vom Staat

Seit dem 1. Januar 2009 gilt das neue Bundesgesetz über die Familienzulagen (FamZG). Neu können alle angestellten Väter oder Mütter für ihre Kinder bis zum 16. Geburtstag eine Kinderzulage von mindestens 200 Franken pro Monat beziehen und danach für Kinder in Ausbildung bis zum 25. Geburtstag eine Ausbildungszulage von mindestens 250 Franken pro Monat.

Auch nichterwerbstätige Eltern können unter gewissen Voraussetzungen Kinderzulagen erhalten. Unter anderem darf ihr steuerbares Einkommen die Grenze von 41 040 Franken nicht übersteigen.

Selbständigerwerbende Eltern haben auch mit diesem neuen Bundesgesetz noch keinen Anspruch auf Familienzulagen. Eine entsprechende Gesetzesänderung soll das in Zukunft jedoch ändern. Bereits sehen folgende Kantone auch für selbständig Erwerbstätige Kinderzulagen vor: AR, BE, BL, BS, GE, GL, LU, NW, SG, SH, SZ, VD und VS.

Die Kantone können auch höhere Zulagen festlegen. Eine spezielle Regelung gilt für Eltern, die in der Landwirtschaft tätig sind.

Einzelne Kantone unterstützen Eltern mit weiteren Leistungen. Fragen Sie beim Sozialdienst Ihrer Wohngemeinde nach. Ausführliche Informationen zu den Familienzulagen und Links zu den kantonalen Gesetzen finden Sie unter www.bsv.admin.ch (→ Themen → Familie/Familienzulagen).

Pro Kind darf nur eine Zulage bezogen werden. Sind beide Elternteile zum Bezug berechtigt – zum Beispiel weil beide berufstätig sind –, bestehen endlich schweizweit einheitliche Koordinationsbestimmungen.

Ein Muss: der Unterhaltsvertrag

Kinder haben Anspruch auf Unterhalt, und zwar von beiden Eltern. Sind Mutter und Vater nicht miteinander verheiratet, muss der Vater sich in einem Unterhaltsvertrag verpflichten, für die Kinderkosten im Rahmen seiner finanziellen Möglichkeiten aufzukommen. Viele Konkubinatsväter setzen sich schon lange vor der Geburt des Kindes mit der Partnerin zusammen und arbeiten eine Vereinbarung aus.

Wenn nicht, wird der Vater in der Regel schon wenige Wochen nach der Geburt aufgefordert, sich zusammen mit der Mutter bei der Vormundschaftsbehörde zu melden. Diese Stelle hat die Aufgabe, die Eltern zu beraten und mit ihnen einen Unterhaltsvertrag für das Kind aufzusetzen. Zeichnet sich dabei ab, dass innert nützlicher Frist keine einvernehmliche Regelung getroffen werden kann, muss die Behörde dem Kind einen Beistand ernennen. Dies selbst dann, wenn die Mutter dagegen ist und die Eltern zusammenwohnen. Dieser Beistand hat für den Abschluss eines Unterhaltsvertrags zu sorgen – notfalls mit einer Unterhaltsklage gegen den Vater vor Gericht.

Formulierungshilfen finden Sie im Anhang (Muster 12). Auch die Vormundschaftsbehörde berät und unterstützt Sie beim Abfassen des Unterhaltsvertrags für Ihr Kind.

In guten Zeiten vorsorgen Die Einmischung der Behörden in Ihr Privatleben, die nüchternen Begriffe und die ganze Rechnerei auf den folgenden Seiten sind Ihnen vielleicht zuwider. Plötzlich wird der Vater auf die eine Seite gestellt, Mutter und Kind auf die andere, und es wird um jeden Franken gefeilscht. Sehen Sie das Ganze als Sicherheitsnetz an, für den (unwahrscheinlichen) Fall, dass Ihre Partnerschaft auseinanderbricht.

Das Gesetz schreibt bloss vor, dass dann der Unterhalt für das Kind gewährleistet sein muss. Nutzen Sie die Gelegenheit, sich auch Gedanken zur Absicherung der Mutter zu machen, die es betreut. Jetzt, wo Sie das gemeinsam und in Minne tun können.

Solange Sie im gemeinsamen Haushalt leben, können Sie die getroffenen Unterhaltsregelungen ruhig in der Schublade lassen. Viele Unterhaltsverträge sehen die Auszahlung des Kinderunterhalts sowieso nur für den Trennungsfall vor, oder man findet beispielsweise folgende Klausel: «Solange Vater und Mutter einen gemeinsamen Haushalt führen und der Vater angemessene Beiträge in die gemeinsame Haushaltskasse leistet, gilt der Kinderunterhaltsbeitrag als bezahlt.» Wie Sie die Haushaltskosten fair aufteilen, lesen Sie in Kapitel 3 ab Seite 60.

Wenn die vereinbarten Unterhaltsbeiträge tatsächlich ausbezahlt werden, können Eltern, die kein gemeinsames Sorgerecht vereinbart haben, Steuern sparen – neuerdings mit dem Segen des Bundesgerichts. Das geht so: Die Abzüge für die Kinder werden vom tieferen Einkommen vorgenommen, in der Regel also von dem der Mutter, die die Kinder häufiger betreut. Der Vater überweist ihr den Unterhaltsbeitrag und kann diesen dann als Alimente in der Steuererklärung von seinem Einkommen abziehen. Zwar muss die Mutter ihrerseits den Betrag versteuern, doch bei ihrem tiefen Einkommen wirkt sich die Progression weniger aus – insgesamt liefert das Paar weniger Steuern ab.

Hin und wieder sieht man auch Unterhaltsverträge, in denen sich der Vater nur grundsätzlich zur Leistung von angemessenem Unterhalt für das Kind verpflichtet, ohne dass ein fester Betrag genannt wird. Die Stadt Zürich zum Beispiel erlaubt solche Rahmenverträge für Eltern mit gemeinsamem Sorgerecht, wenn sie im gemeinsamen Haushalt leben. Der Vorteil dabei: Kommt es später zur Trennung und haben sich die finanziellen Verhältnisse stark geändert, basiert der Kinderunterhaltsbeitrag nicht auf falschen Zahlen aus früherer Zeit. Der beträchtliche Nachteil: Will der Vater nach einer Trennung nicht zahlen, muss die Mutter dem Geld «nachrennen». Im Streitfall muss das Gericht den geschuldeten Betrag erst einmal festlegen, was mehrere Monate dauern kann. Und in dieser Zeit erhält die Mutter nicht einmal eine Alimentenbevorschussung (siehe Seite 94).

So wird der Unterhalt berechnet

Das Gesetz schreibt nicht vor, wie der Kinderunterhaltsbeitrag zu berechnen ist. Es sagt nur, dass der Betrag den Bedürfnissen des Kindes sowie der Lebensstellung und der finanziellen Leistungsfähigkeit der Eltern entsprechen soll. Vermögen und Einkünfte des Kindes sowie die Beteiligung der Eltern an der Betreuung sind zu berücksichtigen. Damit haben die Behörden einen sehr grossen Ermessensspielraum. Dementsprechend variieren die Beträge auch von Stelle zu Stelle. Folgende Leitplanken werden aber grundsätzlich überall beachtet:

— Je höher das Einkommen des Vaters, desto höher sind die Unterhaltsbeiträge. Unterste Grenze für die Festlegung eines Kinderunterhalts ist das soziale Existenzminimum. Wer darunter lebt, also Sozialhilfe beanspruchen könnte, muss keine Alimente zahlen.

— Unterhaltsbeiträge sind an die Teuerung anzupassen.

— Unterhaltsbeiträge werden gestaffelt: Je älter die Kinder, desto höher der Betrag.

— Kinderzulagen sind zusätzlich zum Unterhaltsbeitrag zu zahlen.

Meist arbeiten die Behörden bei der Festlegung des Unterhalts in zwei Schritten. Zuerst wird eine ungefähre Basiszahl errechnet und dann geprüft, ob die Beträge auf die konkreten Verhältnisse passen. Je nach Situation wird nach oben oder unten korrigiert.

Die Berner Behörden zum Beispiel nehmen für ein Einzelkind 17 Prozent vom Nettoeinkommen des alimentenpflichtigen Vaters. Diese Faustregel passt allerdings nur für Einkommen zwischen 5000 und 8000 Franken. Als Verhandlungs- respektive Entscheidungsbasis kommt man so auf 850 bis 1360 Franken für ein Einzelkind.

Die meisten Kantone basieren ihre Berechnungen auf den «Empfehlungen zur Bemessung von Unterhaltsbeiträgen für Kinder» des Amtes für Jugend und Berufsberatung des Kantons Zürich. Nach diesen Richtlinien beträgt der durchschnittliche Bedarf eines Einzelkinds bis zum 6. Geburtstag 2040 Franken pro Monat, vom 6. bis 12. Geburtstag 1935 Franken und vom 12. bis 18. Geburtstag 2115 Franken. Von diesem Durchschnittsbedarf werden allfällige Kinderrenten und/oder Kinderzulagen abgezogen. Der Rest wird grundsätzlich proportional zur finanziellen Leistungskraft auf Vater und Mutter verteilt.

 Anita verdient nach der Geburt von Leon mit ihrer halben Stelle als Juristin 4000 Franken. Ihr Partner Bruno kommt mit einem vollen Pensum auf das Doppelte. Zusammen haben sie ein Haushaltseinkommen von 12 000 Franken. Die Kinderkosten für Baby Leon würden also nach folgender Rechnung auf Mutter und Vater verteilt:

Kinderkosten	Fr. 2040.–
– Kinderzulagen	– Fr. 200.–
Total	Fr. 1840.–
2/3 davon trägt der Vater	Fr. 1227.–

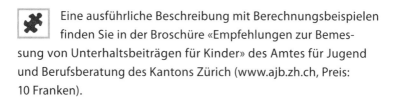 Eine ausführliche Beschreibung mit Berechnungsbeispielen finden Sie in der Broschüre «Empfehlungen zur Bemessung von Unterhaltsbeiträgen für Kinder» des Amtes für Jugend und Berufsberatung des Kantons Zürich (www.ajb.zh.ch, Preis: 10 Franken).

Die Mutter absichern Wenn verheiratete Eltern sich trennen oder scheiden, hat der Elternteil, der die Kinder hauptsächlich betreut, grundsätzlich Anspruch auf eigene Alimente. In der Regel wird sein Unterhalt bis zum 10. Geburtstag des jüngsten Kindes ganz und bis zum 16. Geburtstag des jüngsten Kindes noch teilweise vom anderen Elternteil getragen. Selbstverständlich nur, wenn genügend finanzielle Mittel vorhanden sind.

Für unverheiratete Eltern gilt das nicht. Das Gesetz verpflichtet den Vater nur zur Bezahlung von Unterhalt für sein Kind. Die Mutter hat für sich selbst einzig Anspruch auf Unterhaltszahlungen für vier Wochen vor und acht Wochen nach der Geburt. Und davon dürfen Leistungen Dritter, zum Beispiel die Mutterschaftsentschädigung, erst noch abgezogen werden. Diese Ungleichbehandlung führt indirekt auch zu einer Diskriminierung der Kinder von unverheirateten Eltern, die sich trennen, gegenüber Scheidungskindern. Diese haben eher die Chance, in gesicherten finanziellen Verhältnissen aufzuwachsen und mehrheitlich von der Mutter persönlich betreut zu werden.

Konkubinatseltern können diese Diskriminierung auf freiwilliger Basis beseitigen, indem sie in einem Konkubinatsvertrag einen Trennungsunterhalt für den Elternteil festlegen, der die Kinder betreut (siehe Anhang, Muster 1). Allerdings können sich nur besser verdienende Paare diese Lösung leisten, weil das soziale Existenzminimum des Vaters gewahrt bleiben muss.

Immerhin lässt sich die Diskriminierung mildern, wenn der Kinderunterhalt grosszügig bemessen wird. Trennungsalimente für einen Elternteil dürfen darin aber nicht versteckt werden. Oberste Grenze bildet der effektive Bedarf des Kindes. Zulässig wäre es also zum Beispiel, wenn der Vater die gesamten Kinderkosten inklusive aller Betreuungskosten übernimmt.

Gleiche Familie – unterschiedlicher Kinderunterhalt Je grosszügiger man rechnet, desto höher fällt der Kinderunterhalt aus, wie folgende Berechnungsmodelle anhand der gleichen Familienverhältnisse zeigen:

Luca ist drei Jahre alt. Die Mutter arbeitet 60 Prozent als Krankenpflegerin und verdient 2800 Franken. Der Vater verdient mit einem vollen Pensum 6500 Franken. Das Verhältnis der Einkommen ist also 30 Prozent zu 70 Prozent. Die Krippe, die Luca während der Arbeitszeit der Mutter besucht, kostet 750 Franken.

Minimalvariante: Mit der Prozentregel des Kantons Bern würde folgendermassen gerechnet:

Zahlung des Vaters: 17 % von Fr. 6500.–	Fr. 1105.–
Kinderzulage	Fr. 200.–
Betrag für das Kind	Fr. 1305.–

Bei dieser Minimalvariante hat der Vater für sich allein 5395 Franken. Die Mutter und Luca müssen sich nach Bezahlung der Krippenkosten mit knappen 3355 Franken bescheiden.

Mittlere Variante: Der Bedarf des Kindes gemäss den Zürcher Tabellen wird proportional auf die Einkommen der Eltern verteilt:

Bedarf des Kindes	Fr. 2040.–
zuzüglich Krippenkosten	Fr. 750.–
abzüglich Kinderzulagen (Bezug Mutter) –	Fr. 200.–
abzüglich Einsparung Ernährung und Pflege während der Krippentage –	Fr. 285.–
Kinderkosten	Fr. 2305.–
Zahlung des Vater 70 %	Fr. 1614.–

Bei dieser Variante bleiben dem Vater 4886 Franken. Die Mutter und Luca müssen zusammen mit 3864 Franken klarkommen.

Maximalvariante: Auch hier wird der Bedarf nach den Zürcher Tabellen berechnet. Der Vater trägt aber die gesamten Kinderkosten.

Bedarf des Kindes	Fr. 2040.–
zuzüglich Krippenkosten	Fr. 750.–
abzüglich Kinderzulagen (Bezug Mutter) –	Fr. 200.–
Zahlung des Vaters	Fr. 2590.–

Bei der Maximalvariante haben Luca und die Mutter zusammen 4840 Franken zur Verfügung. Dem Vater bleiben immer noch 3910 Franken.

Kann man den Unterhaltsbeitrag später abändern? Ist der Unterhalt berechnet, der Unterhaltsvertrag unterzeichnet, ist eine spätere Abänderung möglich, solange beide Eltern einverstanden sind. Wenn nicht, lässt das Gesetz eine Anpassung nur zu, wenn sich die Verhältnisse wesentlich verändert haben. Deshalb müssen die Grundlagen, von denen bei der Berechnung ausgegangen wurde, unbedingt im Unterhaltsvertrag festgehalten werden:

— Einkommen und Vermögen von Mutter und Vater
— Bedarf des Kindes
— Betreuungsanteile der Eltern

«Stiefkinder» im Konkubinat

Bringt eine Frau – seltener auch ein Mann – Kinder aus einer früheren Beziehung in die Ehe, spricht das Gesetz von Stiefkindern und Stiefeltern. Zwischen dem Stiefkind und dem Stiefvater besteht zumindest eine lose Rechtsbeziehung. Insbesondere ist der Stiefvater verpflichtet, seine Frau bei der Ausübung der elterlichen Sorge zu unterstützen und im Notfall für den Unterhalt des Stiefkindes aufzukommen. Zudem kann er sein Stiefkind adoptieren. In der nichtehelichen Lebensgemeinschaft ist das anders.

Zwischen dem Kind und dem Lebenspartner der Mutter gibt es keine gesetzliche Beziehung. Das «Stiefkind» hat ihm gegenüber keinerlei Rechtsansprüche. Eine Adoption durch den Lebenspartner wäre zwar theoretisch möglich, würde aber zum grotesken Ergebnis führen, dass die Mutter ihre Elternschaft verliert.

Der Unterhalt für das Kind

Kinder haben Anspruch auf einen angemessenen Unterhalt. Leben sie nicht mit Vater und Mutter im gleichen Haushalt, leistet der Elternteil, der die Kinder nicht bei sich hat, seinen Beitrag in Form von Geldzahlungen. Daran ändert sich nichts, wenn ein neuer Partner, eine neue Partnerin in die Wohnung des Elternteils mit den Kindern einzieht.

Die Kinderalimente dürfen und sollen Sie für den laufenden Unterhalt des Kindes verwenden: für Ernährung und Unterkunft, Kleider, Krankenkassenprämien, Arztrechnungen, Schul- und Ausbildungskosten oder den Sportklub. Die Kinderalimente sind also nicht zum Sparen da und sollen in die Haushaltskasse fliessen. Das Gleiche gilt für die Kinderzulagen und allfällige Kinderrenten.

Durch die Wohngemeinschaft entstehen zwar keine Rechte und Pflichten zwischen dem Kind und dem neuen Lebenspartner der Mutter. Trotzdem kann dieser durch die Umstände gezwungen werden, für den Lebensunterhalt des Kindes aufzukommen. Zum Beispiel dann, wenn der leibliche Vater die Alimente nicht bezahlt oder wenn Mutter und Kind Sozialhilfe beziehen.

Besuchsrecht – ein Störfaktor?

Leben die Kinder Ihrer Partnerin in Ihrem gemeinsamen Haushalt, werden sie in der Regel alle 14 Tage das Wochenende bei ihrem Vater verbringen. Leben die Kinder Ihres Partners umkehrt bei der Mutter, werden sie regelmässig bei Ihnen zu Besuch sein. Meistens klappt das Besuchsrecht ohne grössere Probleme. Sind ausgerechnet Sie von der Ausnahme betroffen, lohnt es sich, den Kindern und Ihrer Partnerschaft zuliebe öfters mal fünf gerade sein zu lassen.

Stefan hat Helen wegen Nicole verlassen. Helen findet es gut, dass der Vater den einjährigen Bela jeden Samstagnachmittag zu sich auf Besuch nimmt. Sie verbietet ihm aber strikte, dieses «Luder» Nicole auch nur in die Nähe ihres Sohnes zu lassen.

Aus rechtlicher Sicht kann Helen Stefan nicht daran hindern, dass er seinen Sohn mit der neuen Lebenspartnerin zusammenkommen lässt. Die juristische Schiene hilft aber nicht wirklich weiter. Besser ist es, wenn der Vater sein Besuchsrecht vorläufig allein wahrnimmt, bis Helen den Schock über die Trennung hat verarbeiten können.

 Welche Regeln gelten, wenn das Besuchsrecht ausfällt oder wenn die Kinder die Besuche verweigern, lesen Sie im Kapitel «Auseinandergehen» (Seite 209).

Umteilung der Obhut

Wer die Obhut über ein Kind hat, bestimmt, wo es wohnt, mit wem es Umgang hat, und trifft die alltäglichen Entscheidungen: wann es ins Bett geht, wann es die Hausaufgaben macht, wie es sich kleidet, was es essen und trinken darf. Derjenige Elternteil, der die Obhut hat, hat meist auch das Sorgerecht über das Kind. Haben die Eltern das gemeinsame Sorgerecht beibehalten, hat meist derjenige Elternteil, der das Kind mehrheitlich betreut, auch die Obhut inne.

Sollen die Kinder neu anstatt beim Vater bei der Mutter leben oder umgekehrt, spricht man von der Umteilung der Obhut. Ein solcher Wechsel wird etwa zum Thema, wenn:

— die Kinder mit dem neuen Lebenspartner der Mutter nicht zurechtkommen

— der Elternteil, bei dem die Kinder wohnen, sie nicht mehr bei sich haben kann oder wenn er stirbt

— der nicht obhutsberechtigte Elternteil die Kinder zu sich holen will

Weder die Kinder noch die Eltern können darüber eigenmächtig entscheiden. Sind beide Elternteile mit einem Wechsel der Obhut einverstanden, müssen sie die Genehmigung der Vormundschaftsbehörde am bisherigen Wohnort der Kinder einholen. Gegen den Willen des obhutsberechtigten Elternteils ist eine Umteilung nur über ein Gerichtsverfahren zu erreichen oder – wenn die Eltern nie verheiratet waren – über die vormundschaftliche Aufsichtsbehörde. Die Kinder haben in diesem Verfahren ein Anhörungsrecht.

Die 16-jährige Xenia wohnt seit der Trennung ihrer Eltern bei der Mutter Lena in St. Gallen. Lena erhält einen Superjob in Genf angeboten und wird dorthin ziehen. Weil Xenia eben erst ihre Lehrstelle in St. Gallen angetreten hat, finden es alle Beteiligten am besten, wenn das Mädchen nun beim Vater wohnt, der mit seiner neuen Partnerin in der Nähe von St. Gallen lebt.

Wenn der sorgeberechtigte Elternteil stirbt

Stirbt die sorgeberechtigte Mutter (oder der Vater) eines nicht gemeinsamen Kindes, wählt die Vormundschaftsbehörde aus verschiedenen Möglichkeiten diejenige aus, die dem Kindeswohl am meisten dient. Sie kann den neuen Partner der Mutter zum Vormund ernennen. Oder das Kind erhält einen Amtsvormund, bleibt aber in der Obhut des «Stiefvaters» und lebt weiter im bisherigen Haushalt. Möglich ist aber auch, dass der leibliche Vater das Sorgerecht erhält.

Soll Ihr Partner sich auch nach Ihrem Tod weiterhin um Ihr Kind kümmern? Mit einem Schreiben an die Vormundschaftsbehörde können Sie den Entscheid beeinflussen (siehe Anhang, Muster 13). Ihr Wunsch wird berücksichtigt, wenn dies die beste Lösung für Ihr Kind ist.

Eingetragene Partnerschaft für homosexuelle Paare

Auf den folgenden Seiten finden Sie das Partnerschaftsgesetz im Wortlaut abgedruckt. Dazu zu jedem Artikel einen Kommentar. 2007, im ersten Jahr seit Inkrafttreten dieses neuen Gesetzes, liessen sich 2004 Paare eintragen. Im Jahr 2008 kamen weitere 931 dazu, und 2009 waren es rund 800 Paare.

Ein neuer Zivilstand

Bundesgesetz über die eingetragene Partnerschaft gleichgeschlechtlicher Paare
(Partnerschaftsgesetz, PartG)

1. Kapitel: Allgemeine Bestimmungen

Art. 1 Gegenstand
Dieses Gesetz regelt die Begründung, die Wirkungen und die Auflösung der eingetragenen Partnerschaft gleichgeschlechtlicher Paare.

Art. 2 Grundsatz
[1] Zwei Personen gleichen Geschlechts können ihre Partnerschaft eintragen lassen.
[2] Sie verbinden sich damit zu einer Lebensgemeinschaft mit gegenseitigen Rechten und Pflichten.
[3] Der Personenstand lautet: «in eingetragener Partnerschaft».

Mit dem Partnerschaftsgesetz (PartG) wird ein neues Rechtsinstitut geschaffen. Die Bestimmungen finden sich nicht im Zivilgesetzbuch, sondern in einem eigenständigen Gesetz, das 38 Artikel umfasst. Die neuen Bestimmungen haben zudem Auswirkungen auf zahlreiche bestehende Bundesgesetze. Diese sind im Anhang zum Partnerschaftsgesetz aufgeführt.

Zielpublikum sind einzig gleichgeschlechtliche Paare. Mit der Eintragung ihrer Partnerschaft begründen sie wie Eheleute eine Lebensgemeinschaft mit gegenseitigen Rechten und Pflichten, die auch zu einer Änderung des Zivilstands bzw. Personenstands führt. Dieser lautet «in eingetragener Partnerschaft». Wird die eingetragene Partnerschaft durch Tod, gerichtliches Urteil oder Verschollenerklärung aufgelöst, heisst der Zivilstand «in aufgelöster Partnerschaft».

So wird die Partnerschaft eingetragen

2. Kapitel: Die Eintragung der Partnerschaft

1. Abschnitt: Voraussetzungen und Eintragungshindernisse

Art. 3 Voraussetzungen
[1] Beide Partnerinnen oder Partner müssen das 18. Altersjahr zurückgelegt haben und urteilsfähig sein.
[2] Eine entmündigte Person braucht die Zustimmung ihres gesetzlichen Vertreters. Sie kann gegen die Verweigerung dieser Zustimmung das Gericht anrufen.

Art. 4 Eintragungshindernisse
[1] Verwandte in gerader Linie, Geschwister sowie Halbgeschwister können keine eingetragene Partnerschaft eingehen.
[2] Beide Partnerinnen oder Partner müssen nachweisen, dass sie nicht bereits in eingetragener Partnerschaft leben oder verheiratet sind.

Die Voraussetzungen für eine Eintragung sind die gleichen wie für eine Ehe: Volljährigkeit und Urteilsfähigkeit genügen. Auch urteilsfähige entmündigte Personen können eine eingetragene Partnerschaft begründen. Sie benötigen dazu aber die Einwilligung des gesetzlichen Vertreters. Willigt dieser nicht ein, kann dagegen geklagt werden, mit Beschwerde bis vor Bundesgericht. Urteilsunfähige Personen können keine eingetragene Partnerschaft eingehen.

Keine eingetragene Partnerschaft eingehen können nahe Verwandte. Obwohl im Gesetz nicht besonders erwähnt, gelten die Eintragungshindernisse auch unter Adoptivverwandten.

Wer noch verheiratet ist, darf keine eingetragene Partnerschaft eingehen. Ebenso verboten ist die mehrfache eingetragene Partnerschaft. Wer diese Verbote verletzt, wird mit Freiheits- oder Geldstrafe bestraft.

Welche Voraussetzungen erfüllt sein müssen, damit Personen mit ausländischer Staatsangehörigkeit oder mit ausländischem Wohnsitz eine eingetragene Partnerschaft begründen können, ist im Bundesgesetz über das internationale Privatrecht (IPRG) geregelt. Mindestens ein Partner, eine Partnerin muss entweder die schweizerische Staatsangehörigkeit besitzen oder in der Schweiz Wohnsitz haben. Eine im Ausland gültig geschlossene Ehe zwischen Personen gleichen Geschlechts wird in der Schweiz als eingetragene Partnerschaft anerkannt.

2. Abschnitt: Verfahren

Art. 5 Gesuch

[1] Das Gesuch um Eintragung ist beim Zivilstandsamt am Wohnsitz einer der beiden Partnerinnen oder eines der beiden Partner einzureichen.

[2] Die beiden Partnerinnen oder Partner müssen persönlich erscheinen. Falls sie nachweisen, dass dies für sie offensichtlich unzumutbar ist, wird die schriftliche Durchführung des Vorverfahrens bewilligt.

[3] Die beiden Partnerinnen oder Partner legen die erforderlichen Dokumente vor. Sie haben beim Zivilstandsamt persönlich zu erklären, dass sie die Voraussetzungen zur Eintragung einer Partnerschaft erfüllen.

Art. 6 Prüfung

[1] Das zuständige Zivilstandsamt prüft, ob die Voraussetzungen erfüllt sind und keine Eintragungshindernisse vorliegen.

[2] Die Zivilstandsbeamtin oder der Zivilstandsbeamte tritt auf das Gesuch nicht ein, wenn eine der Partnerinnen oder einer der Partner offensichtlich keine Lebensgemeinschaft begründen, sondern die Bestimmungen über Zulassung und Aufenthalt von Ausländerinnen und Ausländern umgehen will.

[3] In den Fällen nach Absatz 2 hört die Zivilstandsbeamtin oder der Zivilstandsbeamte die Partnerinnen oder Partner an und kann bei anderen Behörden oder bei Drittpersonen Auskünfte einholen.

Art. 7 Form

[1] Die Zivilstandsbeamtin oder der Zivilstandsbeamte beurkundet die Willenserklärung der beiden Partnerinnen oder Partner und lässt die Urkunde von beiden unterschreiben.

[2] Die Beurkundung der eingetragenen Partnerschaft ist öffentlich.

Art. 8 Ausführungsbestimmungen
Der Bundesrat erlässt die Ausführungsbestimmungen.

Das Gesetz regelt nur die Grundzüge des Verfahrens. Die Einzelheiten hat der Bundesrat in der Zivilstandsverordnung festgelegt.

Partnerinnen oder Partner müssen ihr Gesuch um Eintragung persönlich auf dem Zivilstandsamt einreichen. Nur wenn es unzumutbar ist, persönlich zu erscheinen – beispielsweise wegen einer schweren Erkrankung oder nach einem Unfall –, kann das Vorverfahren schriftlich erfolgen.

Die Zivilstandsbeamtin prüft das Gesuch und teilt darauf den Gesuchstellern schriftlich mit, ob die Partnerschaft eingetragen werden kann. Sie hat gemäss dem neuen Ausländergesetz (in Kraft seit 1. Januar 2008) die Kompetenz, die Eintragung zu verweigern, wenn offensichtlich ist, dass eine der beiden Personen keine Lebensgemeinschaft begründen, sondern die Bestimmungen über die Zulassung und den Aufenthalt von Ausländern umgehen will. Eine solche Verweigerung kann gerichtlich angefochten werden, letztinstanzlich mit Beschwerde ans Bundesgericht.

Die Beurkundung der eingetragenen Partnerschaft kann unmittelbar nach dem positiven Ergebnis des Vorverfahrens bis spätestens drei Monate danach stattfinden.

Im Gegensatz zur Heirat wird die eingetragene Partnerschaft ohne Jawort und ohne Zeugen begründet. Die Willenserklärung der beiden Partner bzw. Partnerinnen wird lediglich protokolliert und beurkundet. Das Paar erhält nach dem Beurkundungsakt eine Bescheinigung. Die Beurkundung ist wie der Trauungsakt öffentlich, soll jedoch nicht, wie bei der Heirat, grundsätzlich im Trauzimmer stattfinden. Die lesbischen und schwulen Interessengemeinschaften appellieren an die Kantone, dennoch das Trauzimmer vorzusehen. Erste Erfahrungen zeigen, dass diesem Anliegen mehrheitlich entsprochen wird.

Wann ist eine Partnerschaft ungültig?

3. Abschnitt: Ungültigkeit

Art. 9 Unbefristete Ungültigkeit

[1] Jede Person, die ein Interesse hat, kann jederzeit beim Gericht auf Ungültigkeit der eingetragenen Partnerschaft klagen, wenn:

a. zur Zeit der Eintragung der Partnerschaft eine der Partnerinnen oder einer der Partner nicht urteilsfähig war und seither nicht wieder urteilsfähig geworden ist;

b. bei der Eintragung Artikel 4 verletzt wurde;

c. eine der Partnerinnen oder einer der Partner nicht eine Lebensgemeinschaft begründen, sondern die Bestimmungen über Zulassung und Aufenthalt von Ausländerinnen und Ausländern umgehen will.

² Während des Bestehens einer eingetragenen Partnerschaft wird die Klage von der zuständigen Behörde am Wohnsitz der Partnerinnen oder Partner von Amtes wegen erhoben.

Art. 10 Befristete Ungültigkeit

¹ Eine Partnerin oder ein Partner kann beim Gericht auf Ungültigkeit der eingetragenen Partnerschaft wegen Willensmängeln klagen.

² Die Ungültigkeitsklage ist innerhalb von sechs Monaten nach Kenntnis des Willensmangels, spätestens aber vor Ablauf von fünf Jahren seit der Eintragung einzureichen.

³ Stirbt die klagende Person während des Verfahrens, so kann ein Erbe die Klage fortsetzen.

Art. 11 Wirkungen des Ungültigkeitsurteils

¹ Die eingetragene Partnerschaft wird mit Eintritt der Rechtskraft des Ungültigkeitsurteils ungültig.

² Erbrechtliche Ansprüche fallen rückwirkend dahin. Im Übrigen gelten die Bestimmungen über die Wirkungen der gerichtlichen Auflösung sinngemäss.

Das Gesetz unterscheidet zwischen unbefristeten und befristeten Ungültigkeitsgründen. Die unbefristeten Ungültigkeitsgründe kann jede Person, die ein Interesse hat, jederzeit geltend machen. Solange die eingetragene Partnerschaft besteht, müssen Behörden sogar von Amtes wegen klagen. Seit dem Inkrafttreten des neuen Ausländergesetzes am 1. Januar 2008 ist auch das Eingehen einer Scheinpartnerschaft ein unbefristeter Ungültigkeitsgrund.

Die befristeten Ungültigkeitsgründe können nur von den betroffenen Partnern oder, sofern das Verfahren noch vor dem Tod eingeleitet worden ist, von einem ihrer Erben geltend gemacht werden. Als Gründe nennt das Gesetz Willensmängel. Dazu gehören ein wesentlicher Irrtum (Art. 24 OR), die absichtliche Täuschung (Art. 28 OR), die Drohung (Art. 29 f. OR) und die vorübergehende Urteilsunfähigkeit zum Zeitpunkt der Partnerschaftsbegründung.

Zuständig für eine Ungültigkeitsklage ist das Gericht am Wohnsitz einer Partei. Wird die eingetragene Partnerschaft für ungültig erklärt, wirkt das Urteil nicht rückwirkend auf den Zeitpunkt der Eintragung. Damit gelten für die Folgen die gleichen Regeln wie bei der gerichtlichen Auflösung der Partnerschaft (siehe Art. 31 bis 34, Seite 160/61). Es ist also zum Beispiel möglich, dass trotz Ungültigkeitsurteil ein nachpartnerschaftlicher Unterhalt bezahlt werden muss. Wenn eine Partnerin jedoch während des Verfahrens stirbt, fallen mit dem Urteil alle erbrechtlichen Ansprüche rückwirkend dahin.

Rechte und Pflichten der Partner

Die Rechte und Pflichten eingetragener Partnerinnen und Partner punkto Beistand und Rücksicht, Unterhalt, Wohnung, Vertretung der Gemeinschaft, Auskunftspflicht und Aufhebung des Zusammenlebens entsprechen im Wesentlichen denjenigen des Eherechts.

Im Gegensatz zur Ehe hat die eingetragene Partnerschaft keine Auswirkungen auf das Kantons- und Gemeindebürgerrecht und auf den Namen. Es ist aber erlaubt, im Alltag den Namen des Partners als Künstlernamen zu führen oder mit Bindestrich dem eigenen Namen anzufügen (Allianzname). Beides sind jedoch keine amtlichen Namen und werden nicht ins Zivilstandsregister eingetragen. Im Pass, nicht aber in der ID, kann zusätzlich zum amtlichen Namen der Partnerschaftsname eingetragen werden. Dabei wird der Name des Partners ohne Bindestrich dem eigenen Namen angefügt. Beispiel: Meier Huber. Damit outet man sich allerdings als homosexuell, was beim Reisen in gewissen Ländern Probleme bereiten könnte.

Auch die erleichterte Einbürgerung steht Ausländerinnen und Ausländern in eingetragener Partnerschaft nicht offen. Immerhin ist die ordentliche Einbürgerung nach fünf Jahren Wohnsitz in der Schweiz und drei Partnerschaftsjahren möglich. Punkto Aufenthaltsbewilligung und Niederlassung in der Schweiz gelten die gleichen Erleichterungen wie für Eheleute: Die ausländische Partnerin einer Schweizerin hat grundsätzlich Anspruch auf Erteilung und Verlängerung der Aufenthaltsbewilligung und nach fünf Jahren ununterbrochenem Aufenthalt auf die Niederlassungsbewilligung.

3. Kapitel: Wirkungen der eingetragenen Partnerschaft

1. Abschnitt: Allgemeine Rechte und Pflichten

Art. 12 Beistand und Rücksicht
Die beiden Partnerinnen oder Partner leisten einander Beistand und nehmen aufeinander Rücksicht.

Dieser Artikel ist das Leitbild des Partnerschaftsrechts. Die **Beistands-pflicht** verlangt von eingetragenen Partnern, dass sie einander sowohl finanzielle wie auch immaterielle Hilfe gewähren. Die Pflicht zur Rücksichtnahme verlangt, sich gegenüber der Partnerin loyal zu verhalten und gegenüber Drittpersonen die Intimität der Gemeinschaft zu wahren. Dieser Programmartikel hat unter anderem auch Auswirkungen auf das Patientenrecht. So müssen Spitäler eingetragene Partner und Partnerinnen wie Ehegatten informieren und ihnen Zutritt zum Krankenbett gewähren.

Art. 13 Unterhalt
[1] Die beiden Partnerinnen oder Partner sorgen gemeinsam nach ihren Kräften für den gebührenden Unterhalt ihrer Gemeinschaft.
[2] Können sie sich nicht verständigen, so setzt das Gericht auf Antrag die Geldbeiträge an den Unterhalt fest. Diese können für die Zukunft und für das Jahr vor Einreichung des Begehrens gefordert werden.
[3] Erfüllt eine Partnerin oder ein Partner die Unterhaltspflicht nicht, so kann das Gericht deren oder dessen Schuldnerin oder Schuldner anweisen, die Zahlungen ganz oder teilweise der andern Partnerin oder dem andern Partner zu leisten.

Wie die Ehe ist die eingetragene Partnerschaft eine Versorgungsgemeinschaft. Zum **Unterhalt** zählen die Wohn-, Haushalts- und Gesundheitskosten, persönliche Grundbedürfnisse inklusive Taschengeld, Berufs-, Ausbildungs-, Freizeit- und Kulturkosten, Versicherungsprämien und Steuern sowie eine angemessene Alters- und Invalidenvorsorge. Hat ein Partner Kinder, muss ihm der andere auch bei der Erfüllung seiner Unterhaltspflicht gegenüber diesen beistehen.

Im Gegensatz zum Eherecht fehlen Bestimmungen für einen angemessenen Betrag zur freien Verfügung für den haushaltführenden Partner sowie für die Abgeltung ausserordentlicher Beiträge einer

Partnerin an den Unterhalt der Gemeinschaft oder im Geschäft der anderen. Laut Botschaft sollen allfällige Konflikte darüber mit den Regeln des Obligationenrechts gelöst werden, insbesondere mit den Bestimmungen über den Arbeitsvertrag und das Darlehen. Die Partner haben sich abzusprechen über ihren Lebensstandard und den Beitrag, den jeder dazu leistet. Bei Konflikten kann jede Seite verlangen, dass das Gericht die Beträge festlegt, also bestimmt, was für diese Partnerschaft als «gebührender Unterhalt» gilt. Kommt eine Seite ihren Pflichten nicht nach, kann zum Beispiel der Arbeitgeber angewiesen werden, die Unterhaltsbeiträge vom Lohn abzuziehen und der unterhaltsberechtigten Partnerin zu überweisen.

Art. 14 Gemeinsame Wohnung

1 Eine Partnerin oder ein Partner kann nur mit der ausdrücklichen Zustimmung der oder des andern einen Mietvertrag kündigen, die gemeinsame Wohnung veräussern oder durch andere Rechtsgeschäfte die Rechte an den gemeinsamen Wohnräumen beschränken.

2 Kann die Zustimmung nicht eingeholt werden oder wird sie ohne triftigen Grund verweigert, so kann das Gericht angerufen werden.

Für die **gemeinsame Wohnung** der Partner gelten die gleichen Schutzbestimmungen wie für die Familienwohnung der Eheleute. Damit erhält auch die Partnerin, die nicht Mitmieterin oder Eigentümerin ist, ein Mitbestimmungsrecht. Für den Vermieter bedeutet dies, dass er beiden Partnerinnen separat kündigen muss. Sowohl die Mieterin wie die eingetragene Partnerin kann die Kündigung anfechten oder die Erstreckung des Mietverhältnisses verlangen.

Art. 15 Vertretung der Gemeinschaft

1 Jede Partnerin und jeder Partner vertritt während des Zusammenlebens die Gemeinschaft für deren laufende Bedürfnisse.

2 Für die übrigen Bedürfnisse der Gemeinschaft kann eine Partnerin oder ein Partner diese nur vertreten, wenn:

a. die Ermächtigung der andern Person oder des Gerichts vorliegt; oder

b. das Interesse der Gemeinschaft keinen Aufschub des Geschäfts duldet und die andere Person wegen Krankheit, Abwesenheit oder aus ähnlichen Gründen nicht zustimmen kann.

³ Jede Partnerin und jeder Partner verpflichtet sich persönlich und, soweit die Handlungen nicht für Dritte erkennbar über die Vertretungsbefugnis hinausgehen, solidarisch auch die andere Person.

⁴ Wird die Befugnis zur Vertretung der Gemeinschaft überschritten oder erweist sich eine Partnerin oder ein Partner als unfähig, die Vertretung auszuüben, so kann das Gericht die Vertretungsbefugnis auf Antrag ganz oder teilweise entziehen. Gutgläubigen Dritten gegenüber ist der Entzug nur wirksam, wenn er auf Anordnung des Gerichts veröffentlicht worden ist.

Wie bei Eheleuten gibt es **keine generelle solidarische Haftung** für die Schulden des andern. Bleiben Rechnungen offen, haften beide Partner dafür ausnahmsweise solidarisch, wenn es sich um die laufenden Bedürfnisse der Gemeinschaft handelt. Dazu gehören zum Beispiel die Wohnungskosten, Nahrung, wichtige Versicherungen, Krankenkassenprämien und sonstige Gesundheitskosten.

Nicht zu den laufenden Bedürfnissen gehören Geschäfte, die über den alltäglichen Unterhalt hinausgehen: die Aufnahme eines Darlehens, der Kauf eines luxuriösen Autos oder eines Eigenheims. Nur in den vom Gesetz genannten Notfällen oder wenn eine Erlaubnis vom Gericht oder von der Partnerin vorliegt, kann eine Partnerin die andere auch für diese übrigen Bedürfnisse der Gemeinschaft vertreten und verpflichten.

Hauseigentümerin Hanna ist eine Woche unerreichbar im Ausland unterwegs, als ihr Haus wegen eines Rohrdefekts mit Schmutzwasser verwüstet wird. Ihre Partnerin Susanne darf die sofort notwendigen Reparaturarbeiten auf Kosten von Hanna in Auftrag geben.

Die Bestimmungen über die Vertretung der Gemeinschaft gelten nur, solange das Paar zusammenlebt. Wird der gemeinsame Haushalt aufgehoben, gelten sie nicht mehr.

Art. 16 Auskunftspflicht

¹ Die Partnerinnen oder Partner müssen einander auf Verlangen über Einkommen, Vermögen und Schulden Auskunft geben.

^{2} Auf Antrag kann das Gericht Partnerinnen, Partner oder Dritte verpflichten, die erforderlichen Auskünfte zu erteilen und die notwendigen Urkunden vorzulegen.

^{3} Vorbehalten bleibt das Berufsgeheimnis der Rechtsanwälte, Notare, Ärzte, Geistlichen und ihrer Hilfspersonen.

Partner können jederzeit voneinander **Auskunft über die finanziellen Verhältnisse** verlangen. Wird sie verweigert, kann auf Verlangen eines Partners das Gericht den anderen verpflichten, die Auskunft zu erteilen. Auch Drittpersonen wie zum Beispiel Banken oder Geschäftspartner können zur Auskunft verpflichtet werden. Ausgenommen sind nur Drittpersonen, die einem Berufsgeheimnis unterstehen.

Art. 17 Aufhebung des Zusammenlebens
^{1} Eine Partnerin oder ein Partner ist berechtigt, das Zusammenleben aus wichtigen Gründen aufzuheben.
^{2} Auf Antrag muss das Gericht:
a. die Geldbeiträge festlegen, welche die Partnerinnen oder Partner einander schulden;
b. die Benützung der Wohnung und des Hausrats regeln.
^{3} Eine Partnerin oder ein Partner kann den Antrag auch stellen, wenn die oder der andere das Zusammenleben grundlos ablehnt.
^{4} Verändern sich die Verhältnisse, so passt das Gericht auf Antrag die Massnahmen an oder hebt sie auf.

Wer sich entweder in gegenseitigem Einverständnis trennt oder wer wichtige Gründe für eine **Trennung** hat, kann vom Gericht verlangen, dass es Unterhaltsbeiträge festlegt und die Benützung der ehemalig gemeinsamen Wohnung und des Hausrats regelt. Was als wichtiger Grund gilt, sagt das Gesetz nicht. Analog zur Praxis im Eherecht muss ein wichtiger Grund bereits dann vorliegen, wenn eine Partnerin eindeutig erklärt, dass sie die eingetragene Partnerschaft auflösen möchte. Mit dem Zeitpunkt der Aufhebung des gemeinsamen Haushalts beginnt die einjährige Trennungsfrist, die für eine Auflösung der Partnerschaft gegen den Willen einer Seite nötig ist.

Im Gegensatz zum Eherecht fehlt die Bestimmung, dass die vom Gericht angeordneten Trennungsmassnahmen automatisch dahinfallen, wenn das Paar wieder zusammenlebt. In der Rechtslehre wird angenommen, dass Trennungsmassnahmen wie im Eherecht ihre Gültigkeit verlieren, wenn das neue Zusammenleben von Dauer ist. Dies soll ab etwa drei Monaten der Fall sein.

Die Bestimmungen zum Vermögen

2. Abschnitt: Vermögensrecht

Art. 18 Vermögen
[1] Jede Partnerin und jeder Partner verfügt über das eigene Vermögen.
[2] Jede Partnerin und jeder Partner haftet für eigene Schulden mit dem eigenen Vermögen.

Für die Regelung des Vermögens von Eheleuten verwendet das Gesetz den Begriff Güterrecht und stellt drei Güterstände zur Verfügung: die Errungenschaftsbeteiligung, die Gütergemeinschaft und die Gütertrennung. Anders im Partnerschaftsgesetz: Hier ist nur vom Vermögensrecht die Rede. Wenn die Partner keine andere Vereinbarung treffen, gilt für sie im Ergebnis Gütertrennung. Die eingetragene Partnerschaft hat damit während ihrer Dauer und bei der Auflösung keine Auswirkungen auf das Vermögen der Partner. Dieser Grundsatz wird nur durch die partnerschaftlichen Schutzbestimmungen eingeschränkt, vor allem durch die gegenseitige Unterhaltspflicht und die Beschränkung der Verfügungsbefugnis.

Art. 19 Beweis
[1] Wer behauptet, ein bestimmter Vermögenswert sei Eigentum einer Partnerin oder eines Partners, muss dies beweisen.
[2] Kann dieser Beweis nicht erbracht werden, so wird Miteigentum beider Partnerinnen oder Partner angenommen.

Art. 20 Inventar
[1] Jede Partnerin und jeder Partner kann jederzeit verlangen, dass die oder der andere bei der Aufnahme eines Inventars der eigenen Vermögenswerte mit öffentlicher Urkunde mitwirkt.
[2] Ein solches Inventar wird als richtig vermutet, wenn es innerhalb eines Jahres nach Einbringen der Vermögenswerte errichtet wurde.

Im Streitfall muss jede Seite beweisen, was zu ihrem Vermögen gehört – dies gilt sowohl intern unter den Partnerinnen wie auch für Drittpersonen. Kann keine Partnerin das alleinige Eigentum beweisen, gilt Miteigentum zu gleichen Teilen.

Ein **Inventar** dient der Feststellung, wem welcher Vermögenswert gehört. Es kann die vermögensrechtliche Ausscheidung erleichtern, wenn ein Partner stirbt, die Partnerschaft aufgelöst wird oder Vermögenswerte einer Partnerin gepfändet werden. Verweigert ein Partner die Aufnahme eines Inventars, kann der andere ans Gericht gelangen und eine Inventarisierung erzwingen. Ein Jahr nach Erstellung gilt das Inventar als richtig – es sei denn, eine Seite beweise das Gegenteil. Diese Frist läuft für Vermögenswerte, die den Partnern schon zu Beginn gehören, ab der Eintragung der Partnerschaft. Für später erworbene Vermögenswerte gilt der Zeitpunkt des Erwerbs.

Zur Beurkundung des Inventars können die Partnerinnen unter den von ihrem Kanton bezeichneten Urkundspersonen frei wählen. Sie können auch eine Urkundsperson ausserhalb des Wohnsitzkantons aufsuchen. In vielen Kantonen ist ein Notar zuständig.

Art. 21 Verwaltungsauftrag
Überlässt eine Person ihrer Partnerin oder ihrem Partner die Verwaltung ihres Vermögens, so gelten die Bestimmungen über den Auftrag, sofern nichts anderes vereinbart ist.

Einen Auftrag kann man schriftlich, mündlich oder auch stillschweigend erteilen und jederzeit – also ohne Kündigungsfristen – widerrufen. Soll der Partner für seine Dienstleistung eine Entschädigung erhalten, sollte dies schriftlich vereinbart werden. Ist nichts abgemacht, wird in der Regel vermutet, der Partner arbeite kostenlos.

Art. 22 Beschränkung der Verfügungsbefugnis
[1] Soweit es die Sicherung der wirtschaftlichen Grundlagen oder die Erfüllung einer vermögensrechtlichen Verpflichtung aus der eingetragenen Partnerschaft erfordert, kann das Gericht auf Antrag die Verfügung einer Partnerin oder eines Partners über bestimmte Vermögenswerte von der Zustimmung der oder des andern abhängig machen und sichernde Massnahmen treffen.

² Betrifft diese Massnahme ein Grundstück, so lässt das Gericht sie im Grundbuch anmerken.

Diese Bestimmung will verhindern, dass ein Partner in einer Krise zum Schaden des anderen oder der Gemeinschaft Vermögenswerte verschleudert oder beiseiteschafft. So kann das Gericht auf Antrag einer Partei zum Beispiel die Beschlagnahmung von Wertgegenständen oder bei Grundstücken eine Grundbuchsperre anordnen. Zuständig ist das Gericht am Wohnsitz einer Partei. Die Kantone dürfen wie beim Eheschutz ein summarisches Verfahren vorsehen. In einem solchen Verfahren braucht es keinen strikten Beweis für die aufgestellten Behauptungen; Glaubhaftmachen genügt.

Art. 23 Schulden zwischen Partnerinnen oder Partnern

¹ Bestehen zwischen den Partnerinnen oder Partnern Schulden und bereitet die Rückerstattung der verpflichteten Person ernstliche Schwierigkeiten, so kann sie verlangen, dass ihr Fristen eingeräumt werden, sofern dies der Partnerin oder dem Partner zumutbar ist.

² Die Forderung ist sicherzustellen, wenn die Umstände dies erfordern.

Diese Bestimmung ist auf **Geldschulden** und auf geschuldete Sachen anwendbar. Eine Stundung ist möglich, wenn die sofortige Erfüllung der Forderung dem Schuldner ernsthafte Schwierigkeiten bereiten würde und das Zuwarten für den anderen Partner zumutbar ist. Bei Uneinigkeit entscheidet auf Antrag einer Partei das Gericht, wie lange die Forderung gestundet bleibt. Eine Sicherstellung kommt dann in Betracht, wenn sich die Chance auf eine Begleichung der Forderung wegen der Stundung verschlechtert.

Marc muss Pascal ein Darlehen zurückzahlen. Wegen geschäftlicher Schwierigkeiten ist er aber momentan nicht flüssig. Er müsste auf sein Wertschriftendepot zurückgreifen, was mit erheblichen Verlusten verbunden wäre. Das Gericht gewährt ihm eine sechsmonatige Zahlungsfrist. Als Sicherheit muss Marc einen Teil seiner Wertschriften an Pascal verpfänden.

Für alle Forderungen unter den Partnern gilt, dass die Verjährung nicht zu laufen beginnt, solange die eingetragene Partnerschaft besteht (Verjährungsstillstand).

Art. 24 Zuweisung von Miteigentum
Steht ein Vermögenswert im Miteigentum der beiden Partnerinnen oder Partner und weist die eine Person ein überwiegendes Interesse nach, so kann sie bei Auflösung der eingetragenen Partnerschaft neben den übrigen gesetzlichen Massnahmen die ungeteilte Zuweisung dieses Vermögenswerts gegen Entschädigung der anderen Person verlangen.

Laut der Botschaft des Bundesrats soll die Zuweisung eines im Miteigentum stehenden Vermögenswertes nicht nur bei der Auflösung der eingetragenen Partnerschaft möglich sein, sondern auch während der Partnerschaft in folgenden Fällen:

— im Rahmen eines Betreibungs- oder Konkursverfahrens gegen einen Partner

— wenn eine Partnerin einen wichtigen Grund für die Aufhebung des Miteigentums geltend machen kann

— wenn die Partner gemeinsam die Aufhebung des Miteigentums beschliessen, sich aber nicht einigen können, wer die Sache zu Alleineigentum erhält

Mit dem Verweis auf die «übrigen gesetzlichen Massnahmen» sind die Teilungsvorschriften von Artikel 651 Absatz 2 ZGB gemeint: körperliche Teilung wo möglich, ansonsten Versteigerung unter den Partnern oder öffentlich und Verteilen des Erlöses.

Art. 25 Vermögensvertrag
[1] Die beiden Partnerinnen oder Partner können in einem Vermögensvertrag eine besondere Regelung vereinbaren für den Fall, dass die eingetragene Partnerschaft aufgelöst wird. Namentlich können sie vereinbaren, dass das Vermögen gemäss den Bestimmungen über die Errungenschaftsbeteiligung (Art. 196 – 219 Zivilgesetzbuch, ZGB) geteilt wird.
[2] Solche Vereinbarungen dürfen die Pflichtteile der Nachkommen einer Partnerin oder eines Partners nicht beeinträchtigen.

³ Der Vermögensvertrag muss öffentlich beurkundet und von den vertragschliessenden Personen sowie gegebenenfalls vom gesetzlichen Vertreter unterzeichnet werden.

⁴ Die Artikel 185 und 193 ZGB sind sinngemäss anwendbar.

Eingetragene Partner können mit einem **Vermögensvertrag** eine andere Regelung wählen als die in Artikel 18 vorgesehene. Ungeklärt ist, ob sie dabei den gleichen Schranken unterliegen wie Eheleute, ob sie auch andere Lösungen wählen können als die im Eherecht vorgesehenen – Errungenschaftsbeteiligung und Gütergemeinschaft – oder ob als Alternative nur die Errungenschaftsbeteiligung (Art. 196 ff. ZGB) zur Verfügung steht.

Klar ist, dass im Vermögensvertrag nur Regelungen für den Fall der Auflösung der Partnerschaft getroffen werden können. Soll während der Dauer der eingetragenen Partnerschaft etwas anderes als Gütertrennung gelten, können die Partner dies in einem Konkubinatsvertrag regeln. Die Botschaft erwähnt als Beispiel die Begründung einer einfachen Gesellschaft.

Mit dem Vermögensvertrag können Paare zum Beispiel erreichen, dass der während der eingetragenen Partnerschaft erwirtschaftete Vermögenszuwachs bei einer Auflösung hälftig geteilt wird.

Inge hat ihr Arbeitspensum zugunsten der Partnerschaft reduziert. Dank ihres Einsatzes kann sich Partnerin Aline voll auf die Karriere konzentrieren. Sie spart während der eingetragenen Partnerschaft 50 000 Franken auf dem Lohnkonto an, Inge dagegen kann nichts auf die Seite legen. Weil die Partnerinnen in einem Vermögensvertrag die Errungenschaftsbeteiligung nach Artikel 196 ff. ZGB vereinbart haben, erhält Inge bei der Auflösung der Partnerschaft die Hälfte des wirtschaftlichen Erfolgs der Gemeinschaft, also 25 000 Franken.

Interessant ist diese Bestimmung auch im Hinblick auf eine optimale erbrechtliche Absicherung. Im Vermögensvertrag kann dem überlebenden Partner die gesamte Errungenschaft zugewiesen werden.

Diese Regelung darf allerdings die Pflichtteile von nicht gemeinsamen Kindern nicht beeinträchtigen. Denkbar ist, dass ein ausländisches Paar gemeinsam ein Kind adoptiert hat. Die Pflichtteile der Eltern aber können so legal umgangen werden. Der Vermögensvertrag muss öffentlich beurkundet werden. Das Gleiche gilt für eine spätere Änderung. Analog zum Eherecht sollte es möglich sein, den Vertrag jederzeit abzuschliessen, also zum Beispiel auch schon vor der Eintragung der Partnerschaft.

Mit dem Verweis auf Artikel 185 ZGB wird klargestellt, dass jeder Partner die gerichtliche Aufhebung des Vermögensvertrags verlangen kann, wenn wichtige Gründe vorliegen.

Tom und Sergio haben Errungenschaftsbeteiligung vereinbart. Neuerdings verweigert Sergio jegliche Auskunft über seinen Kontostand, und sein Partner befürchtet, dass er heimlich Vermögenswerte beiseiteschafft. Kommt es zur Auflösung der Partnerschaft und bleibt Sergios Geld unauffindbar, würde Tom von Sergio nichts erhalten und müsste ihm trotzdem die Hälfte seiner Ersparnisse abgeben. Mit einer Rückkehr zur Gütertrennung lässt sich dies vermeiden. Die richterlich angeordnete Gütertrennung wird aber wie im Eherecht nur für die zukünftige Dauer der Partnerschaft gelten. Die bisher gesparten Errungenschaften müssen trotzdem nach der vereinbarten Errungenschaftsbeteiligung geteilt werden.

Mit dem Hinweis auf Artikel 193 ZGB werden die Gläubiger der Partner geschützt.

Linda hat hohe Schulden. Kurz vor der Auflösung der eingetragenen Partnerschaft vereinbart sie mit Tatjana, die Errungenschaftsbeteiligung rückwirkend auf den Zeitpunkt der Eintragung ihrer Partnerschaft wieder aufzuheben. Damit wollen die beiden vermeiden, dass Linda dank der güterrechtlichen Beteiligung von Tatjana Geld erhält, das sie gleich wieder an ihre Gläubiger abgeben muss. Lindas Gläubiger können sich gegen eine solche Manipulation wehren.

Stiefkinder, Adoption, Fortpflanzungsmedizin

3. Abschnitt: Besondere Wirkungen

Art. 26 Eheschliessung
Eine Person, die in eingetragener Partnerschaft lebt, kann keine Ehe eingehen.

Art. 27 Kinder der Partnerin oder des Partners
¹ Hat eine Person Kinder, so steht ihre Partnerin oder ihr Partner ihr in der Erfüllung der Unterhaltspflicht und in der Ausübung der elterlichen Sorge in angemessener Weise bei und vertritt sie, wenn die Umstände es erfordern. Elternrechte bleiben jedoch in allen Fällen gewahrt.
² Die Vormundschaftsbehörde kann unter den Voraussetzungen von Artikel 274a ZGB bei Aufhebung des Zusammenlebens und bei Auflösung der eingetragenen Partnerschaft einen Anspruch auf persönlichen Verkehr einräumen.

Art. 28 Adoption und Fortpflanzungsmedizin
Personen, die in einer eingetragenen Partnerschaft leben, sind weder zur Adoption noch zu fortpflanzungsmedizinischen Verfahren zugelassen.

Auch für Partnerinnen und Partner gilt das Prinzip Monogamie: Wer in einer eingetragenen Partnerschaft lebt, darf vor deren Auflösung weder eine andere eingetragene Partnerschaft eingehen noch heiraten.

Hat eine Seite Kinder, hat die andere die gleichen Rechte und Pflichten wie die Stiefmutter oder der Stiefvater in einer Ehe. Kommt es zur Trennung oder Auflösung der Partnerschaft, kann dem Stiefelternteil ein Besuchsrecht eingeräumt werden, wenn dafür wichtige Gründe vorliegen. Laut der Botschaft des Bundesrats wäre das der Fall, wenn das Kind eine intensive Beziehung zum Stiefelternteil aufgebaut hat und eine weitere Pflege dieser Beziehung seinen Interessen dient. Stirbt der leibliche Elternteil, regelt die Vormundschaftsbehörde, ob das Kind beim Stiefelternteil wohnen bleibt und, wenn nicht, ob ihm ein Besuchsrecht eingeräumt wird.

Eingetragene Partner dürfen weder zusammen noch allein ein Kind adoptieren. Auch die Adoption des Kindes des anderen – die Stiefkindadoption – ist ausgeschlossen.

Verboten sind auch die fortpflanzungsmedizinischen Verfahren. Nicht verbieten lässt sich einer lesbischen Frau, sich von einem Mann schwängern zu lassen. Auch Schwule können auf natürlichem Weg ein Kind zeugen. Im Gegensatz zu einer lesbischen Mutter erhalten sie aber nicht automatisch das alleinige Sorgerecht und damit das Recht zu bestimmen, dass das Kind in ihrem Haushalt aufwächst.

Wenn die Partnerschaft aufgelöst wird

4. Kapitel: Gerichtliche Auflösung der eingetragenen Partnerschaft

1. Abschnitt: Voraussetzungen

Art. 29 Gemeinsames Begehren
[1] Verlangen die beiden Partnerinnen oder Partner gemeinsam die Auflösung der eingetragenen Partnerschaft, so hört das Gericht sie an und prüft, ob das Begehren auf freiem Willen und reiflicher Überlegung beruht und ob eine Vereinbarung über die Auflösung genehmigt werden kann.
[2] Trifft dies zu, so spricht das Gericht die Auflösung der eingetragenen Partnerschaft aus.
[3] Die Partnerinnen oder Partner können gemeinsam beantragen, dass das Gericht im Auflösungsurteil über diejenigen Wirkungen der Auflösung entscheidet, über die sie sich nicht verständigen können.

Art. 30 Klage
Jede Partnerin oder jeder Partner kann die Auflösung der eingetragenen Partnerschaft verlangen, wenn die Partnerinnen oder Partner zum Zeitpunkt der Klageerhebung seit mindestens einem Jahr getrennt leben.

Wenn beide damit einverstanden sind, können die Partner jederzeit die Auflösung ihrer eingetragenen Partnerschaft beim Gericht am Wohnsitz einer Partei beantragen. Eine einjährige Trennungszeit ist nur nötig, wenn sich eine Seite gegen die Auflösung sträubt. In diesem Fall kann die Klage auf Auflösung erst nach vollständigem Ablauf des Trennungsjahrs beim Gericht eingereicht werden.

Anders als bei der Scheidung, bei der die Eheleute je einzeln und gemeinsam angehört werden, wird das Paar nur zusammen vom Gericht angehört. Das Gericht kann die Auflösung sofort nach beendeter Anhörung aussprechen.

2. Abschnitt: Folgen

Art. 31 Erbrecht
[1] Mit der Auflösung der eingetragenen Partnerschaft entfällt das gesetzliche Erbrecht zwischen den Partnerinnen oder Partnern.
[2] Aus Verfügungen von Todes wegen, die vor Rechtshängigkeit des Auflösungsverfahrens errichtet worden sind, können keine Ansprüche erhoben werden.

Art. 32 Zuteilung der gemeinsamen Wohnung
[1] Ist eine Person aus wichtigen Gründen auf die gemeinsame Wohnung angewiesen, so kann das Gericht ihr die Rechte und Pflichten aus dem Mietvertrag allein übertragen, sofern dies der Partnerin oder dem Partner billigerweise zugemutet werden kann.
[2] Die bisherige Mieterin oder der bisherige Mieter haftet solidarisch für den Mietzins bis zum Zeitpunkt, in dem das Mietverhältnis gemäss Vertrag oder Gesetz endet oder beendet werden kann, höchstens aber während zweier Jahre. Wird sie oder er für den Mietzins belangt, so kann der bezahlte Betrag ratenweise in der Höhe des monatlichen Mietzinses mit Unterhaltsbeiträgen verrechnet werden.
[3] Gehört die gemeinsame Wohnung einer Partnerin oder einem Partner, so kann das Gericht der anderen Person unter den Voraussetzungen nach Absatz 1 und gegen angemessene Entschädigung oder unter Anrechnung an die Unterhaltsbeiträge ein befristetes Wohnrecht einräumen. Wenn wichtige neue Tatsachen es erfordern, ist das Wohnrecht einzuschränken oder aufzuheben.

Art. 33 Berufliche Vorsorge
Die während der Dauer der eingetragenen Partnerschaft erworbenen Austrittsleistungen in der beruflichen Vorsorge werden nach den Bestimmungen des Scheidungsrechts über die berufliche Vorsorge geteilt.

Wie bei der Scheidung entfällt das gegenseitige **Erbrecht** mit der Auflösung der Partnerschaft. Auch Testamente oder Erbverträge, die vor dem Auflösungsverfahren errichtet wurden, verlieren die Gültigkeit.

Unabhängig davon, wer Mieter der **gemeinsamen Wohnung** ist, kann das Gericht den Mietvertrag einem Partner allein übertragen, wenn dieser aus beruflichen, gesundheitlichen oder anderen wichtigen Gründen stärker auf die Wohnung angewiesen ist als der andere. Allerdings muss der Partner finanziell in der Lage sein, die Mietkosten allein zu tragen. Wenn nicht, wäre dies für den anderen Partner wegen der solidarischen Haftung unzumutbar.

Die während der Dauer der eingetragenen Partnerschaft erworbenen Austrittsleistungen bei den **Pensionskassen** müssen die Partnerinnen bei der Auflösung grundsätzlich teilen. Die Ansprüche werden verrechnet und die Differenz direkt an die Pensionskasse oder allenfalls auf ein Freizügigkeitskonto der einen Partnerin überwiesen. Eine Barauszahlung ist nicht erlaubt. Bezieht eine Partnerin bereits eine IV- oder eine Altersrente, ist die Teilung technisch nicht mehr möglich. In solchen Fällen muss das Gericht eine angemessene Entschädigung festlegen.

 Auch die während der eingetragenen Partnerschaft geäufneten AHV-Beiträge werden je hälftig geteilt. Dies allerdings nicht im Rahmen des Gerichtsprozesses. Das Splitting wird von den AHV-Behörden vorgenommen. Entsprechende Formulare sind beim Gericht oder bei jeder AHV-Zweigstelle erhältlich.

Wer erhält Unterhaltszahlungen?

Art. 34 Unterhaltsbeitrag

[1] Nach Auflösung der eingetragenen Partnerschaft ist grundsätzlich jede Partnerin und jeder Partner für den eigenen Unterhalt verantwortlich.

[2] Eine Person, die aufgrund der Aufgabenteilung während der Dauer der eingetragenen Partnerschaft eine Erwerbstätigkeit eingeschränkt oder nicht ausgeübt hat, kann von ihrer Partnerin oder ihrem Partner angemessene Unterhaltsbeiträge verlangen, bis der Unterhalt durch eigene Erwerbstätigkeit gesichert werden kann.

[3] Ferner kann eine Person angemessene Unterhaltsbeiträge verlangen, wenn sie durch die Auflösung der eingetragenen Partnerschaft in Bedürftigkeit gerät und der Partnerin oder dem Partner die Bezahlung von Unterhaltsbeiträgen nach den gesamten Umständen zugemutet werden kann.

[4] Im Übrigen sind die Artikel 125 Absatz 3 sowie 126–132 ZGB über den nachehelichen Unterhalt sinngemäss anwendbar.

Nachpartnerschaftlichen Unterhalt soll es nur in Ausnahmefällen geben. Das Gesetz nennt als Beispiel die Situation, dass ein Partner zugunsten der Gemeinschaft die Erwerbsarbeit reduziert oder aufgegeben hat und deswegen vom anderen Partner unterstützt werden muss, bis er selber wieder genügend Erwerbseinkommen erzielen kann. Ist eine Wiedereingliederung ins Berufsleben nicht mehr realistisch und fehlen eigene Mittel, sollen laut der Botschaft zum Gesetz auch lebenslängliche Unterhaltsbeiträge möglich sein. Eine Partnerin, die wegen der Auflösung der eingetragenen Partnerschaft in finanzielle Schwierigkeiten kommt, hat grundsätzlich Anspruch auf eine Bedürftigkeitsrente. Gemeint sind vor allem Fälle, in denen die Partnerin wegen Krankheit oder Invalidität nicht für den eigenen Unterhalt sorgen kann.

«Angemessene» Unterhaltsbeiträge heisst, dass das Gericht bei der Festlegung der Höhe und der Dauer des Unterhalts alle Umstände des Einzelfalls zu würdigen hat. Insbesondere muss das Existenzminimum des pflichtigen Partners gewahrt bleiben. Unerheblich ist in der Regel, wer am Scheitern der Beziehung wie viel Schuld hat. Es gelten die gleichen, sehr restriktiven Ausnahmen wie im Scheidungsrecht (Art. 125 Abs. 3 ZGB). Der Verweis auf die Artikel 126 bis 132 ZGB betrifft:

— die Modalitäten des Unterhaltsbeitrags wie Fristen, Bedingungen, Rente oder Kapitalabfindung

— die Anpassung an die Teuerung

— die nachträgliche Abänderung, wenn sich die Umstände seit der Auflösung erheblich, dauernd und nicht vorhersehbar verändert haben

— das Erlöschen von Gesetzes wegen, wenn eine Seite stirbt oder wenn die berechtigte Person heiratet oder eine neue eingetragene Partnerschaft eingeht

Das Verfahren bei der Auflösung

3. Abschnitt: Verfahren

Art. 35
Die Bestimmungen des Scheidungsverfahrens sind sinngemäss anwendbar.

Für das Auflösungsverfahren verweist das Gesetz auf die Artikel 136 bis 143 und 148 bis 149 ZGB sowie auf die Bestimmungen in den kantonalen Zivilprozessordnungen. Sind beide Partnerinnen mit der Auflösung einverstanden, genügt zur Einleitung des Verfahrens ein von beiden unterzeichnetes Gesuch, dem sie ihre Auflösungsvereinbarung und die nötigen Dokumente wie Zivilstandsurkunden, Mietvertrag, Belege zum Vermögen etc. beilegen. Das Gericht gibt Auskunft, welche Dokumente es im Einzelfall benötigt. Mustervereinbarungen für die Trennung und die Auflösung der eingetragenen Partnerschaft finden Sie unter www.gerichte-zh.ch → Bezirksgericht Zürich → Partnerschaft

Einfluss auf andere Gesetze

In den Schlussbestimmungen des Gesetzes und im Anhang ist geregelt, wann es in Kraft tritt und welche Auswirkungen es auf anderes Recht hat. Auf die Wiedergabe dieser Artikel wird hier verzichtet.

Nachdem das Referendum ergriffen worden war, kam es 2006 zu einer Volksabstimmung über das Partnerschaftsgesetz. Der Souverän nahm es mit 58 Prozent Ja-Stimmen an. Seit dem 1. Januar 2007 ist das Partnerschaftsgesetz in Kraft.

Was die Anpassung des bisherigen Rechts betrifft, so zieht das Partnerschaftsgesetz Änderungen in einer ganzen Reihe von Gesetzen nach sich. Viele dieser Änderungen betreffen Verfahrensgesetze sowie das Opferhilfe- und das Straf- und Militärstrafgesetz. Darin wird die rechtliche Stellung von eingetragenen Partnern derjenigen von Eheleuten angepasst. Bei einem wichtigen Teil der Änderungen geht es um die Gleichstellung eingetragener Partner und Partnerinnen mit Eheleuten im Erb-, Steuer- und Sozialversicherungsrecht. Insbesondere gilt neu:

— Eingetragene Partnerinnen erben, wenn sie mit Nachkommen zu teilen haben, mindestens $1/4$ (Pflichtteil) und maximal $5/8$ (frei verfügbare Quote). Wenn sie mit beiden Eltern der Verstorbenen zu teilen haben, sind es mindestens $3/8$ (Pflichtteil) und maximal $7/8$ (frei verfügbare Quote).

— Stirbt ein Partner, erhält der andere eine AHV-Witwerrente, sofern er Kinder unter 18 Jahren hat. Von der Pensionskasse des Verstorbenen erhält der überlebende Partner eine Witwenrente, wenn er noch für den Unterhalt eines Kindes aufkommt oder wenn er mindestens 45 Jahre alt ist und die eingetragene Partnerschaft fünf Jahre gedauert hat.

— Sowohl bei den direkten Bundessteuern wie bei den Kantons- und Gemeindesteuern werden die Einkommen zusammengezählt, und es kommen dieselben Abzüge und Tarife wie bei Verheirateten zum Zug. Von den Erb- und Schenkungssteuern sind eingetragene Partnerinnen in den meisten Kantonen befreit.

Das Partnerschaftsgesetz beseitigt die bisherige Diskriminierung homosexueller Paare gegenüber heterosexuellen Partnerschaften in fast allen Belangen. Das ist erfreulich und gehört sich so für eine moderne Schweiz. Mehr war politisch nicht durchsetzbar; insbesondere bleiben homosexuellen Paaren die Adoption und die künstliche Fortpflanzung verwehrt. Was nicht ist, kann ja aber noch werden!

Interessante Gerichtsurteile für homosexuelle Paare

Ohne Kinder gibts keine AHV-Witwerrente Ein kinderloser Mann, dessen Partner kurz nach der Eintragung der Partnerschaft verstorben war, verlangte von der AHV eine Hinterlassenenrente. Da das Bundesgesetz über die eingetragene Partnerschaft für kinderlose Hinterlassene keine Rente vorsieht, wurde ihm der Anspruch verwehrt. Vor Bundesgericht forderte der Witwer eine Gleichstellung schwuler und lesbischer Hinterbliebener mit verwitweten Ehefrauen. Diese erhalten nämlich auch ohne Kinder eine Witwenrente, wenn sie beim Tod des Mannes über 45 Jahre alt sind und die Ehe mindestens fünf Jahre gedauert hat. Ein hinterbliebener Ehemann jedoch muss Kinder haben, damit er eine Rente erhält.

Das Gericht stellte fest, dass der Gesetzgeber diese Ungleichbehandlung unter Eheleuten bewusst noch nicht beseitigt hat. Beim Erlass des Bundesgesetzes über die eingetragene Partnerschaft hingegen habe er sich für eine strikte Gleichbehandlung zwischen hinterbliebenen Männern und Frauen entschieden: Eine Hinterlassenenrente erhält nur, wer Kinder hat. Solche eindeutigen Gesetzesbestimmungen dürfe das Bundesgericht nicht abändern.

Im Übrigen wiesen die Bundesrichter darauf hin, dass der betroffene Witwer auch bei einer Gleichstellung mit einer Ehefrau die Voraussetzungen für eine Rente nicht erfüllt hätte.

Bundesgerichtsurteil vom 5. Oktober 2009 (9C_521/2008)

Kein gemeinsamer Haushalt nötig für eine Vorsorgebegünstigung im Rahmen der beruflichen Vorsorge

Homosexuelle Paare, die ihre Partnerschaft nicht eingetragen haben, können sich bei der beruflichen Vorsorge unter anderem gegenseitig begünstigen, wenn sie in den letzten fünf Jahren vor dem Tod eine Lebensgemeinschaft geführt haben. Laut Bundesgericht ist es dabei nicht zwingend, dass das Paar einen gemeinsamen Haushalt geführt hat. Eine Lebensgemeinschaft könne auch bei getrennten Wohnsitzen vorliegen, wenn die Gemeinschaft so gefestigt sei, dass die Partner sich in einer Notlage wie Eheleute Beistand leisten würden.

Bundesgerichtsurteil vom 20. August 2008 (9C_874/2007)

Füreinander vorsorgen

Über den Tod denkt niemand gerne nach. Wohl deshalb hinterlassen die meisten Menschen keine erbrechtlichen Anordnungen. Gerade Lebenspartner sollten sich aber überlegen, wie sie ihren Nachlass ordnen wollen. Und sind Sie schon beim Thema, machen Sie sich auch noch Gedanken zur eigenen Beerdigung. Mit wenig Aufwand lassen sich hässliche Streitereien vermeiden.

Mangelnder gesetzlicher Schutz

Wollen Sie Ihre Partnerin, Ihren Partner für den Todesfall absichern, lohnt es sich, frühzeitig Regelungen zu treffen. Nach dem schweizerischen Erbrecht hat der hinterbliebene Lebenspartner nämlich keinen automatischen Erbanspruch. Und die Sozialversicherungen sehen keine Hinterlassenenleistungen wie zum Beispiel eine Witwenrente vor. Das gilt auch dann, wenn ein Paar viele Jahre zusammengelebt hat und gemeinsame Kinder da sind.

Die gesetzliche Erbfolge

Das Zivilgesetzbuch regelt nach der sogenannten Stammesordnung, wer zum Kreis der gesetzlichen Erben gehört. Diese gesetzliche Regelung gilt automatisch, wenn die verstorbene Person keine eigene Anordnung in einem Testament oder Erbvertrag getroffen hat.

— Zum ersten Stamm gehören die Nachkommen der verstorbenen Person.

— Zum zweiten Stamm gehören die Eltern sowie deren Nachfahren, also Geschwister, Nichten und Neffen.

— Zum dritten Stamm gehören die Grosseltern sowie deren Nachfahren, also Tanten, Onkel, Cousinen und Cousins.

— Fehlen Verwandte aller drei Stämme, erbt der Wohnsitzkanton.

Dabei gilt eine klare Rangliste: Verwandte des elterlichen Stammes erben nur, wenn keine Nachkommen da sind. Verwandte des grosselterlichen Stammes erben nur, wenn die verstorbene Person keine Nachkommen und keine Verwandten des elterlichen Stammes hinterlässt. Innerhalb des gleichen Stammes gilt in erster Linie das Eintrittsprinzip.

Der kinderlose Hermann stirbt. Er hinterlässt als nächste Verwandte seine Mutter und seine Schwester. Die Schwester erbt nur, weil der Vater schon vor ihr verstorben ist. Sie tritt an dessen Stelle ein.

Hinterlässt ein bereits verstorbener Erbe keine Nachkommen, gilt das Anwachsungsprinzip. Hätte Hermann im obigen Beispiel keine Geschwister, würde seine Mutter alles erben. Der Anteil des vorverstorbenen Vaters würde also bei ihr anwachsen.

Und die Partner? Ehegatten gehören immer zum Kreis der gesetzlichen Erben. Sie haben mit den Nachkommen und den Erben des elterlichen Stammes zu teilen. Sind weder Erben aus dem ersten noch aus dem zweiten Stamm da, erbt der Ehegatte oder die Gattin allein. Diese Regelung gilt seit dem 1. Januar 2007 auch für gleichgeschlechtliche Paare, die ihre Partnerschaft haben eintragen lassen. Andere Lebenspartner gehören dagegen nicht zum Kreis der gesetzlichen Erben.

Keine obligatorischen Witwen- und Witwerrenten

Die AHV – wie auch die Unfallversicherung – kennt keine Witwen- oder Witwerrente für Konkubinatspartner. Es ist auch nicht möglich, dies vertraglich zu ändern. Hatte das Paar gemeinsame Kinder, erhalten diese beim Tod eines Elternteils eine Waisenrente – und zwar bis zum 18. Geburtstag oder, wenn sie dann noch in Ausbildung sind, bis spätestens 25.

Auch in der zweiten Säule schreibt das Bundesgesetz über die berufliche Vorsorge (BVG) keine Leistungen an die Konkubinatspartnerin oder den Lebensgefährten vor. Immerhin dürfen die Pensionskassen in ihrem Reglement freiwillig eine Absicherung für Konkubinatspaare vorsehen. Dann kann auch der überlebende Lebensgefährte eine Rente oder eine Kapitalabfindung erhalten.

Studieren Sie das Reglement Ihrer Pensionskasse oder fragen Sie bei der Personalabteilung nach (mehr dazu auf Seite 176).

Hinterbliebene aus einer gleichgeschlechtlichen Partnerschaft erhalten seit dem 1. Januar 2007 dieselben Leistungen wie ein Witwer, wenn sie ihre Partnerschaft haben eintragen lassen.

— Aus der 1. Säule, der AHV, erhält der Lebenspartner oder die Partnerin eine Witwer- bzw. Witwenrente, sofern sie im Zeitpunkt der Verwitwung Kinder oder Pflegekinder unter 18 Jahren hat. Dasselbe gilt für die obligatorische Unfallversicherung.

— Die Pensionskasse des verstorbenen Partners muss eine Rente bezahlen, wenn der überlebende Partner für den Unterhalt mindestens eines Kindes aufkommt oder wenn er älter als 45 ist und die eingetragene Partnerschaft mindestens fünf Jahre gedauert hat. Erfüllt der hinterlassene Lebenspartner keine dieser beiden Voraussetzungen, hat er Anspruch auf eine einmalige Abfindung in der Höhe von drei Jahresrenten.

Sich gegenseitig begünstigen

Soll Ihr Partner oder Ihre Partnerin dereinst erben, braucht es ein Testament oder einen Erbvertrag. Allerdings fallen in den meisten Kantonen Erbschaftssteuern an. In der 2. Säule ist je nach Pensionskassenreglement eine Begünstigung der Liebsten möglich. Auch Guthaben der 2. Säule, die auf einem Freizügigkeitskonto oder in einer Freizügigkeitspolice liegen, oder Guthaben der Säule 3a können Sie in vielen Fällen Ihrem Partner zukommen lassen. Und wenn diese Absicherung nicht ausreicht, kann eine Todesfallversicherung die Lücken schliessen.

Pflichtteile berücksichtigen

Im Testament oder Erbvertrag können Sie von der gesetzlichen Erbfolge abweichen. Ihre Verfügungsfreiheit ist jedoch eingeschränkt: Nachkommen, ein Noch-Ehegatte und Ihre Eltern haben das Recht auf einen Pflichtteil, Sie dürfen nur die verfügbare Quote frei weitergeben (siehe Kasten). Geschwister oder noch weiter entfernte Verwandte kann man dagegen vollständig von der Erbfolge ausschliessen.

 Ein Testament, das Pflichtteile verletzt, ist nicht automatisch ungültig. Es tritt definitiv in Kraft, wenn die betroffenen Erben nicht innert einem Jahr klagen. Wenn Sie also zum Beispiel sicher sind, dass Ihre Eltern nicht auf dem Pflichtteil bestehen werden, können Sie es wagen, die Lebenspartnerin im Testament als Alleinerbin einzusetzen. Gerechnet wird übrigens ab dem Zeitpunkt, in dem ein Erbe von der Verletzung seiner Pflichtteile erfahren hat. Sind bereits mehr als zehn Jahre seit dem Tod vergangen, ist die Klage definitiv verspätet, auch wenn der Erbe erst nachher von der Pflichtteilsverletzung erfährt.

Pflichtteil und verfügbare Quote

Wie viel Sie Ihrem Lebenspartner, Ihrer Liebsten vererben können, hängt davon ab, wen Sie sonst noch hinterlassen:

Gesetzliche Erben	Pflichtteil	Verfügbare Quote
Kinder	$3/4$	$1/4$
Eltern *oder* Noch-Ehegatte	$1/2$	$1/2$
Eltern *und* Noch-Ehegatte	Eltern $1/8$ Noch-Ehegatte $3/8$	$1/2$
Kinder und Noch-Ehegatte	Kinder $3/8$ Noch-Ehegatte $1/4$	$3/8$

Eine vollständige Enterbung von pflichtteilsgeschützten Personen gegen ihren Willen ist nur möglich, wenn diese gegen den Erblasser oder gegen eine ihm nahe verbundene Person eine schwere Straftat begangen oder wenn sie ihre familienrechtlichen Pflichten gegenüber dem Erblasser oder einem seiner Angehörigen schwer verletzt haben. Dass zum Beispiel der Sohn aus erster Ehe keinerlei Kontakt mehr mit Ihnen hat und will, genügt für eine Enterbung nicht.

Begünstigen mit Testament und Erbvertrag

In Ihrem Testament können Sie den Partner als Erben einsetzen und im Rahmen der Pflichtteile bestimmen, wie hoch sein Anteil am Nachlass sein soll. Wollen Sie sicherstellen, dass der Partner bestimmte Vermögenswerte auf Anrechnung an seinen Erbteil erhält, sollten Sie Teilungsregeln aufstellen (siehe Kasten; weitere Formulierungen finden Sie im Anhang, Muster 14).

Das Testament ist nur gültig, wenn Sie es von Anfang bis Ende von Hand niederschreiben, datieren und unterzeichnen. Möchten Sie Ihr Testament nicht selber abfassen, können Sie von einer Amtsperson – meist einer Notarin – ein öffentliches Testament aufsetzen lassen. Die beiden Testamentsarten unterscheiden sich nur in der Form. Das eine hat nicht mehr Gewicht als das andere.

Bewahren Sie Ihr Testament am besten bei Ihren Schriften auf. Sie können es auch bei der zuständigen Amtsstelle an Ihrem Wohnort gegen eine Gebühr hinterlegen oder einer Vertrauensperson zur Aufbewahrung geben. Legen Sie es keinesfalls in Ihren Banksafe. Bis der geöffnet wird, kann es lange dauern.

Teilungsregel

Meine Partnerin, Valerie G., hat das Recht, auf Anrechnung an ihren Erbteil sämtliche Einrichtungsgegenstände in unserer gemeinsamen Wohnung zu übernehmen.

Ein Testament kann man jederzeit abändern oder vernichten. Wer sein Testament vollständig ändert, sollte im neuen Testament als Punkt 1 folgenden Satz schreiben: «Ich widerrufe sämtliche letztwilligen Verfügungen, die ich jemals getroffen habe.» Das hat den gleichen Effekt wie das effektive Vernichten der bisherigen Testamentsurkunden.

Wenn Sie Ärger befürchten Ist zu befürchten, dass die Pflichtteilserben Ihre Anordnungen nicht respektieren und die Erbteilung mit Ihrer Lebenspartnerin verzögern oder blockieren, können Sie dem auf einfache Art einen Riegel schieben: Setzen Sie Ihre Partnerin im Testament als Willensvollstreckerin ein. Sie allein hat dann die Aufgabe, die Erbteilung nach Ihren Anordnungen vorzubereiten. Für die Verteilung an die Erben braucht es allerdings deren Einverständnis. Fehlt auch nur eine einzige Unterschrift, bleibt die Auszahlung blockiert.

Weil Ihre Partnerin als Willensvollstreckerin aber allein Zugang zu allen Konten erhält, kann sie sich notfalls auch ohne formelle Einwilligung der Miterben ihren Anteil ausbezahlen. Aber Achtung: Wird die Aufteilung nicht korrekt gemacht, ist der Willensvollstrecker schadenersatzpflichtig.

Mehr Möglichkeiten im Erbvertrag Der Erbvertrag bietet mehr Gestaltungsmöglichkeiten als das Testament und erlaubt damit individuell auf die Familiensituation zugeschnittene Lösungen. Zum Beispiel können die pflichtteilsgeschützten Erben ganz oder teilweise auf ihren Pflichtteil zugunsten des Konkubinatspartners verzichten. Umgekehrt kann sich der so Begünstigte gegenüber den Kindern seiner Partnerin verpflichten, ihnen etwas von seinem Nachlass zu vermachen. Niemand kann aber zum Abschluss eines Erbvertrags gezwungen werden (mehr dazu auf Seite 190).

❋ Einen Erbvertrag kann man nur mit Volljährigen abschliessen. Sind Ihre Kinder noch nicht 18, haben Sie diese Möglichkeit also nicht.

Erbvertrag zwischen einem Konkubinatspaar und der Tochter des Partners

Vor dem unterzeichneten Notar, Hans M., öffentlicher Notar des Kantons Zürich, sind heute zwecks Errichtung eines Erbvertrags erschienen:

1. Frau Irina F., geboren am 20. Mai 1955, von Zürich, wohnhaft am Mattenweg 7, 8048 Zürich

2. Herr Guido T., geboren am 13. Juni 1950, von Bern, wohnhaft am Mattenweg 7, 8048 Zürich

3. Frau Gaby T., geboren am 24. November 1978, von Bern, wohnhaft an der Schlossgasse 13, 8802 Kilchberg, Tochter des Guido T.

Die Parteien haben dem unterzeichneten Notar übereinstimmend folgende Erklärungen abgegeben und ihn beauftragt, darüber die folgende Urkunde als Erbvertrag abzufassen:

I.
Alle Verfügungen von Todes wegen heben wir hiermit ausdrücklich auf.

II.
Guido T. setzt Irina F. als Vorerbin seiner gesamten Hinterlassenschaft ein. Die Vorerbin ist nicht zur Sicherheitsleistung verpflichtet. Seine Tochter Gaby T. wird als Nacherbin auf den Überrest eingesetzt.

III.
Sollte Irina F. nach Guido T. versterben, erbt Gaby T. ihren gesamten Nachlass als Alleinerbin.

Zürich, 12. Februar 2010

Guido T.   Irina F.   Gaby T.

Der Notar: Hans M. / Stempel / Zeugen

Der Erbvertrag muss bei der zuständigen Amtsstelle öffentlich beurkundet werden. In den meisten Kantonen ist das ein Notar. Eine spätere Abänderung oder Aufhebung der Abmachungen im Erbvertrag ist nur möglich, wenn alle Vertragsparteien einverstanden sind.

Die meisten Kantone erheben von Konkubinatspartnern happige Erbschaftssteuern. Wie hoch diese für Sie ausfallen würden, können Sie im Internet berechnen (www.kantonalbank.ch → Services und Tools → Berechnungstools → Erbschafts- und Schenkungssteuer).

Vermögen zu Lebzeiten verschenken

Eine finanzielle Absicherung der Lebenspartnerin ist auch durch lebzeitige Schenkungen möglich. Allerdings sind die Pflichtteile hier ebenfalls ein Thema:

— Schenkungen, die innert fünf Jahren vor dem Todesfall ausgerichtet wurden, werden immer zum Nachlassvermögen hinzugerechnet, um zu prüfen, ob die Pflichtteile verletzt wurden. Ist das der Fall, können die geschützten Erben das Fehlende zurückfordern. Nicht hinzugerechnet werden aber die üblichen Gelegenheitsgeschenke, etwa zu Weihnachten oder auf den Geburtstag.

— Ist die Grenze von fünf Jahren überschritten, wird es für die Erben sehr schwierig, etwas zurückzuholen. Sie müssten nämlich beweisen, dass die verstorbene Person mit den Schenkungen absichtlich die Pflichtteile unterlaufen wollte.

Der verwitwete Erich hinterlässt seine Lebenspartnerin Laura und Tochter Bea. Sein Nachlassvermögen beträgt nach Abzug aller Rechnungen 100 000 Franken. Vier Jahre vor seinem Tod hat Erich Laura 300 000 Franken geschenkt. Das Teilungsvermögen beträgt damit 400 000 Franken (Nettonachlass und lebzeitige Schenkung). Der Pflichtteil von Bea ist $3/4$ davon, das sind 300 000 Franken. Erich hat also zu viel verschenkt. Bea kann den gesamten Nettonachlass von 100 000 Franken beanspruchen und von Laura 200 000 Franken fordern.

Schenkungen an Lebenspartner unterliegen in den meisten Kantonen der Schenkungssteuer.

Begünstigung in der 2. Säule

Das Bundesgesetz über die berufliche Vorsorge (BVG) schreibt keine Leistungen an hinterbliebene Lebenspartner vor. Seit dem 1. Januar 2005 dürfen die Pensionskassen aber freiwillig Todesfallleistungen an die Konkubinatspartnerin (oder den Partner) ausrichten, wenn die Lebensgemeinschaft mindestens fünf Jahre gedauert hat oder wenn die überlebende Partnerin für ein gemeinsames Kind sorgen muss. Früher erlaubte das Gesetz Leistungen an die Konkubinatspartnerin nur, wenn diese vom verstorbenen Partner massgeblich unterstützt worden war.

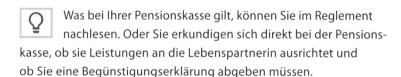 Was bei Ihrer Pensionskasse gilt, können Sie im Reglement nachlesen. Oder Sie erkundigen sich direkt bei der Pensionskasse, ob sie Leistungen an die Lebenspartnerin ausrichtet und ob Sie eine Begünstigungserklärung abgeben müssen.

Geld auf Freizügigkeitskonten oder -policen Vorsorgeguthaben, die auf einem Freizügigkeitskonto oder in einer Freizügigkeitspolice parkiert sind, kann der überlebende Lebenspartner erhalten, wenn eine der folgenden Voraussetzungen erfüllt ist:

— Der Hinterbliebene wurde zu Lebzeiten von der verstorbenen Partnerin erheblich unterstützt. Das wäre etwa der Fall, wenn er für den Haushalt zuständig war und die verstorbene Partnerin für die Lebenskosten beider aufkam.

— Der überlebende Partner muss für den Unterhalt eines gemeinsamen Kindes aufkommen.

— Im Todeszeitpunkt bestand die Lebensgemeinschaft seit mindestens fünf Jahren.

Ist keine dieser drei Voraussetzungen erfüllt, erhalten die nächsten gesetzlichen Erben der verstorbenen Partnerin das gesamte Guthaben. Der Lebensgefährte geht leer aus.

Erfüllt der Partner eine der drei Voraussetzungen, muss er das Freizügigkeitsguthaben allenfalls mit einem Noch-Ehemann seiner

Partnerin, ihrem Exmann oder ihren Kindern teilen. Das können Sie verhindern, indem Sie schriftlich gegenüber der Vorsorgeeinrichtung erklären, dass Ihr Partner bzw. Ihre Partnerin das gesamte Guthaben erhalten soll. Hinterlassen Sie keine Kinder, keine Witwe und keinen Exehegatten, müssen Sie nichts unternehmen. Damit das Geld rasch an den überlebenden Partner ausbezahlt werden kann, sollten Sie der Vorsorgeeinrichtung aber seinen Namen mitteilen.

 Das Bundesgericht hat klargestellt, dass Leistungen aus der 2. Säule nicht in den Nachlass fallen. Selbst wenn hohe Summen an den Lebenspartner gehen, können die Erben deswegen keine Verletzung ihrer Pflichtteile geltend machen.

Privat vorsorgen über die Säule 3a

Die private Vorsorge, auch 3. Säule genannt, wird unterteilt in die gebundene Vorsorge 3a und die freie Vorsorge 3b. In der Säule 3a ist das Altersguthaben – abgesehen von wenigen Ausnahmefällen – bis fünf Jahre vor Erreichen des ordentlichen Pensionierungsalters blockiert. Interessant bei der Säule 3a sind die steuerlichen Vorteile, da die Einzahlungen bis zu einem Grenzbetrag in der Steuererklärung in Abzug gebracht werden können. Zur freien Vorsorge 3b zählen sämtliche Vermögenswerte, die nicht der Säule 3a zugeordnet werden können: Todesfallversicherungen, Wertschriften, Anlagefonds und Wohneigentum.

Die Begünstigung in der Säule 3a Guthaben der Säule 3a können Sie Ihrem Partner nicht vermachen, wenn Sie noch verheiratet sind. Ist ein Konkubinatspartner nicht verheiratet, geht das Guthaben laut Gesetz an seine Partnerin, wenn eine der folgenden Voraussetzungen erfüllt ist:

— Die Partnerin wurde zu Lebzeiten vom Verstorbenen erheblich unterstützt.

— Die Partnerin muss für den Unterhalt eines gemeinsamen Kindes aufkommen.
— Im Todeszeitpunkt bestand die Lebensgemeinschaft seit mindestens fünf Jahren.

 Nicht Pflicht, aber sinnvoll ist es, der Vorsorgeeinrichtung den Namen der Lebenspartnerin mitzuteilen.

Haben Sie Kinder und erfüllt Ihre Lebenspartnerin eines der drei Kriterien, können Sie gegenüber der Vorsorgeeinrichtung schriftlich erklären, dass sie das gesamte Guthaben erhalten soll.

Erfüllt Ihre Lebenspartnerin keine der drei Voraussetzungen, können Sie ihr das Guthaben allenfalls vermachen, allerdings nur, wenn Sie keine Kinder haben. Dazu müssen Sie die Lebenspartnerin in Ihrem Testament als Erbin einsetzen und gegenüber der Vorsorgeeinrichtung eine schriftliche Begünstigungserklärung abgeben.

 Anders als bei der 2. Säule kann die Begünstigung des Lebenspartners mit Geldern der Säule 3a die Pflichtteile der Kinder oder der Eltern verletzen. Immerhin können diese nicht verhindern, dass die Guthaben dem Lebenspartner überwiesen werden. Wollen die Pflichtteilserben einen Anteil, müssten sie klagen, was viele dann doch bleiben lassen.

Die Todesfallversicherung

Nicht immer lässt sich der Vorsorgebedarf mit einem Testament und der Begünstigung bei der Pensionskasse und der Säule 3a genügend abdecken. Vor allem wenn das Paar noch kleine Kinder und/oder Wohneigentum hat, sind meist zusätzliche Mittel nötig, damit die überlebende Seite den Lebensstandard halten kann. Mit einer auf die individuelle Situation zugeschnittenen Todesfallversicherung lassen sich die Lücken schliessen. Weiterer Vorteil: Die versicherte Todesfallsumme wird dem überlebenden Partner direkt – also unabhängig von der Erbteilung – ausbezahlt, und sie ist für die Pflichtteilsberechnung irrelevant. Nur bei gemischten Lebensversicherungen, mit denen auch für das Alter gespart wurde, muss der Rückkaufswert für die Pflichtteile beachtet werden.

Es gibt verschiedene Produkte. Neben Todesfallversicherungen mit konstanter oder jährlich abnehmender Versicherungssumme gibt es auch Policen, die jährlich erneuert werden können, dies allerdings mit ansteigender Prämie.

💡 Die Vielfalt an Produkten ist gross, und was für Sie sinnvoll ist, hängt sehr von Ihrer finanziellen und familiären Situation ab. Lassen Sie sich von einer unabhängigen Stelle beraten (Adressen im Anhang).

Die eigene Beerdigung ordnen

Einfacher oder luxuriöser Sarg? Trauerfeier im grossen Kreis, nur mit der Familie oder gar nicht? Wenn Sie selber keine Anordnungen hinterlassen, haben Ihre nächsten Angehörigen das Sagen. Was, wenn Ihre Familie und Ihr Partner, Ihre Partnerin unterschiedlicher Ansicht sind? Im Streitfall müsste das Gericht ermitteln, wer unter den Hinterbliebenen die engsten Beziehungen zu Ihnen hatte. Solch unschöne Querelen können Sie vermeiden:

— Wenn Sie eigene Vorstellungen über Ihre Beerdigung haben, schreiben Sie diese am besten nieder.

— Oder Sie beauftragen Ihren Partner, Ihre Partnerin mit der sogenannten Totenfürsorge. Dafür müssen Sie eine kurze Vollmacht aufsetzen: «Ich übertrage das Recht auf Totenfürsorge auf meinen Lebenspartner Sandro S. Er ist bevollmächtigt, über alle Fragen rund um meine Beerdigung allein zu bestimmen.»

Die Kosten für die Bestattung gehören zu den Erbgangsschulden. Sie werden vom Nachlass abgezogen. Hinterlässt eine verstorbene Person zu wenig Mittel, um die Bestattungskosten zu decken, müssen die Erben diese Auslagen meist selber bezahlen.

In reifen Jahren zusammenziehen

Das Konkubinat ist keine exklusive Lebensform der Jungen. Auch ältere Paare müssen und wollen oft nicht (mehr) heiraten. Was in den übrigen Kapiteln besprochen wurde, gilt selbstverständlich für Alt und Jung. In diesem Abschnitt findet die Generation 55+ aber noch Zusätzliches zu den Themen Sozialversicherung und erbrechtliche Absicherung sowie Anregungen für einen gelassenen Umgang mit Veränderungen in späteren Lebensphasen.

Neue Lebensphasen

Einige leben nach dem Tod des Lebensgefährten oder nach einer Scheidung lange allein, bevor sie wieder eine Partnerschaft eingehen. Andere ziehen schon nach kurzer Zeit mit einem neuen Partner zusammen. In beiden Fällen treffen Menschen aufeinander, die einiges «Gepäck» ins gemeinsame Leben mitbringen: die komplette Wohnungsausstattung, Gewohnheiten und Mödeli, vielleicht schon erwachsene Kinder und Enkel. Wenn dann die Gegenwart auf die Vergangenheit trifft, ist bestimmt für Aufregung gesorgt. Kommt gar noch die Pensionierung dazu, gibts auch in diesem Lebensbereich Veränderungen zu bewältigen.

Neue Beziehung – alte Familie

Eine neue Liebe ist wie ein neues Leben! Dieser Schlager aus dem Jahr 1972 hat zwar schon etwas Patina angesetzt – doch was damals stimmte, ist auch heute noch so: Eine neue Beziehung läutet eine neue Lebensphase ein. Und egal, wie viele Jahresringe Sie selbst schon gesammelt haben: Wer verliebt ist, ist wieder jung und erlebt so manches, wie wenns das erste Mal wäre.

Und irgendwann kommt der Zeitpunkt in einer Beziehung, wo die neue Partnerschaft auf die alte Familie und auf die alten Freunde und Bekannten trifft. Diese Situation haben Sie bestimmt schon früher erlebt. Im Kreis der Familie ist der «Generationen-Mix» allerdings ein anderer: Früher fieberte man dem ersten Treffen mit den Eltern der Liebsten entgegen, und nun warten womöglich die erwachsenen Kinder darauf, endlich Mamas Neuen zu Gesicht zu bekommen.

Am besten besprechen Sie mit Ihrem Partner im Voraus, welcher Rahmen Ihnen beiden für ein erstes Treffen am angenehmsten ist. Je unsicherer er sich fühlt, je nervöser Sie selbst sind, desto ungezwungener und formloser sollten Sie die Umgebung und den Anlass wäh-

len. Bei einem gemütlichen Sonntagsbrunch ist es bestimmt allen
wohler als bei einer Abendeinladung. Oder Sie arrangieren das erste
Treffen auf neutralem Boden, zum Beispiel in einem ruhigen Res-
taurant zum Mittagessen oder im Sommer zu einem Picknick oder
zum Grillieren im Freien.

Zusammenziehen

Im Alter werden die Menschen nicht unbedingt flexibler, sagt man.
Wenn dann zwei verschiedene Lebensarten aufeinandertreffen, mag
dies in einer ersten Phase spannend sein. Später aber können alte
Gewohnheiten oder Komfortansprüche, die nicht mehr erfüllt sind,
die Harmonie trüben. Das muss nicht sein, wenn Sie und Ihr Partner,
Ihre Partnerin ganz nüchtern klären, welche Ansprüche Sie an den
Lebensstandard stellen – und zwar bevor Sie zusammenziehen. Viel-
leicht braucht er unbedingt sein eigenes Zimmer oder einfach einen
Raum, wohin er sich zurückziehen kann. Und sie vermisst in der mo-
dernen Stadtwohnung die Pflanzen und die Arbeit im Garten. Oder
Sie stellen fest, dass Sie lieber getrennt schlafen und deshalb zwei
Schlafzimmer benötigen.

Neben den Ansprüchen an die Wohnsituation gilt es auch zu klären, wie viel Freiraum jeder für sich braucht. Ihre Gemeinsamkeit
soll Ihr Leben ja bereichern und nicht einengen. Besprechen Sie deshalb, wie Sie Ihre bisherigen Freundschaften und Freizeitaktivitäten
pflegen können – gemeinsam, aber auch alleine.

Auch die Wohnungseinrichtung wird zu reden geben. Im gemeinsamen Zuhause ist in der Regel kein Platz für beide Ausstattun-
gen. Wie Sie mit dieser Situation umgehen können, lesen Sie in Kapitel 2 (Seite 39). Manchmal zieht der Partner auch ins langjährige
Heim seiner Freundin ein. Dann besteht die Gefahr, dass er sich eher
als Gast denn als gleichberechtigter Wohnpartner fühlt. Dies vor
allem dann, wenn die gesamte Wohnungseinrichtung der Partnerin
gehört. Klären Sie deshalb vor dem Einzug Ihre «Revieransprüche»
ab. Vielleicht fühlen sich beide wohler, wenn Sie die Sitzgruppe im

Wohnzimmer durch seine ersetzen oder sich eine ganz neue Schlafzimmereinrichtung leisten.

Reden Sie auch übers Geld In Kapitel 3 (Seite 55) finden Sie Anregungen, wie Sie das gemeinsame Haushalten fair regeln können. Eine weitere Möglichkeit: Zieht Ihr Partner bei Ihnen ein, ohne sich im Haushalt zu beteiligen, könnten Sie seinen Beitrag ans Haushaltsbudget mithilfe der Kostgeldvorschläge für Wohnpartner von der Budgetberatung Schweiz festlegen. Nach diesen Richtlinien bewegen sich die Kosten für die Mahlzeiten inklusive einer Arbeitsentschädigung zwischen 630 und 900 Franken pro Monat. Die Kosten für Aufräum- und Reinigungsarbeiten sowie fürs Waschen und Bügeln machen 320 bis 580 Franken aus.

 Ein ausführliches Merkblatt erhalten Sie bei der Budgetberatung Schweiz (www.budgetberatung.ch).

Ein Partner wird pensioniert

Wird der Partner oder die Partnerin pensioniert, hat dies Auswirkungen auf die Beziehung. Einerseits freut man sich auf die zusätzliche Freizeit. Andererseits kann die bevorstehende Veränderung aber auch Ängste auslösen. Sprechen Sie darüber und bereiten Sie sich auf den neuen Lebensabschnitt vor, zum Beispiel so:

— Jede Seite definiert für sich ganz allein, wie viel Freiraum sie benötigt, welche gemeinsamen Aktivitäten sie sich wünscht und was sie nun vom Partner, von der Partnerin erwartet. Wollen Sie zum Beispiel neu jeden Mittag für die Freundin kochen oder doch lieber wie bis anhin gemeinsam in der Stadt essen? Erwarten Sie vom pensionierten Partner, dass er sich im Haushalt nützlich macht (Zeit hat er ja)?

— Haben Sie beide Ihre Wünsche notiert, gilt es, diese zu vergleichen und Abweichungen zu diskutieren. Weichen Sie dieser Diskussion nicht aus!

Hilfreich bei der Vorbereitung des neuen Lebensabschnitts sind Pensionierungsseminare. Wenn Ihre Arbeitgeberin nichts dergleichen anbietet, können Sie sich an die Pro Senectute wenden. Diese führt regelmässig Kurse durch und hält auch Informationen im Internet bereit (www.pro-senectute.ch).

Finanzielle Überlegungen Oft führt die Pensionierung zu einer Reduktion des Einkommens. Erkundigen Sie sich frühzeitig bei Ihrer Pensionskasse und bei Ihrer AHV-Ausgleichskasse, mit welchen Rentenbeträgen Sie rechnen können. Falls Sie geschieden sind, werden die von Ihnen und Ihrem Exgatten während der Ehe geäufneten AHV-Guthaben sowie die Erziehungsgutschriften je hälftig geteilt. Das kann Auswirkungen auf die Höhe Ihrer Rente haben.

Haben Sie bei der AHV noch kein Gesuch um Vornahme dieses Splittings eingereicht, holen Sie das am besten noch vor der Pensionierung nach. Damit vermeiden Sie eine mögliche Verzögerung der ersten Rentenauszahlung. Das Formular «Anmeldung für die Durchführung der Einkommensteilung im Scheidungsfall» erhalten Sie bei jeder AHV-Ausgleichskasse und im Internet (www.ahv-iv.info → Formulare → Allgemeine Verwaltungsformulare).

Nimmt das Einkommen eines oder beider Partner ab, ist das die Gelegenheit, Ihr Haushaltsbudget zu überprüfen und allenfalls den neuen Verhältnissen anzupassen. Mehr zum Budget lesen Sie in Kapitel 3 (Seite 60).

Und die Sozialversicherungen?

Je nach den persönlichen Umständen kann eine Heirat oder das Konkubinat für Senioren finanziell vorteilhafter sein, wenn es um die Alters- und Hinterlassenenrenten geht. Auf den folgenden Seiten finden Sie die relevanten Informationen. Was in Ihrer Situation die sinnvollste Lösung ist, entscheiden Sie.

Leistungen der AHV

Erhalten Mann und Frau die AHV, werden einem Ehepaar höchstens 150 Prozent der einfachen maximalen AHV-Rente ausbezahlt. Das sind 3420 Franken pro Monat (Stand 2010). Diese Reduktion – im Fachjargon Plafonierung genannt – wird mit den tieferen Kosten im gemeinsamen Haushalt begründet.

Von dieser Kostenersparnis profitieren Konkubinatspaare natürlich genau gleich wie Ehepaare. Trotzdem wird ihre AHV-Rente nicht plafoniert. Das Konkubinatspaar kommt also auf maximal 4560 Franken. Das sind über 1000 Franken mehr in der Haushaltskasse.

Witwen- und Witwerrente Anspruch auf eine Hinterlassenenrente haben nur verheiratete (oder geschiedene) Frauen und Männer. Konkubinatspartnerinnen und Lebensgefährten erhalten nichts.

— Ehefrauen erhalten eine Witwenrente, wenn sie im Zeitpunkt der Verwitwung eines oder mehrere Kinder haben (das Alter spielt keine Rolle) oder wenn sie mindestens 45 Jahre alt und mindestens fünf Jahre verheiratet waren (mehrere Ehen werden zusammengezählt).

— Verheiratete Männer haben nur Anspruch auf eine Witwerrente, solange sie Kinder unter 18 Jahren haben.

Beziehen Sie eine Witwen- oder Witwerrente der AHV, verlieren Sie diesen Anspruch, wenn Sie wieder heiraten. Immerhin wird die verlorene Witwen- oder Witwerrente wieder ausbezahlt, wenn Ihre neue Ehe nach weniger als zehn Jahren geschieden wird.

Stirbt der neue Ehepartner, lebt der alte Anspruch nicht wieder auf. Frauen, die älter als 45 sind, erhalten aber in der Regel eine neue Hinterlassenenrente vom soeben verstorbenen Ehepartner, weil die früheren Ehejahre für die Voraussetzungen zum Rentenbezug mitzählen.

Wer im Konkubinat lebt, erhält die Hinterlassenenleistungen vom verstorbenen Ehepartner weiter ausbezahlt – egal, wie lange das Konkubinat dauert.

Bei der obligatorischen Unfallversicherung gelten im Wesentlichen die gleichen Vor- und Nachteile wie bei der AHV.

Ergänzungsleistungen zur AHV-Rente

Mit der AHV-Rente allein kann heute kaum jemand mehr seine Lebenskosten decken. Wenn die eigenen Mittel nicht ausreichen, können Rentnerinnen und Rentner Ergänzungsleistungen (EL) beantragen, damit sie ihr offizielles Mindesteinkommen erreichen. Das sind keine Sozialhilfegelder, sondern ebenfalls Versicherungsleistungen.

Für die Berechnung werden, grob gesagt, die gesetzlich anerkannten Ausgaben und die Einnahmen einander gegenübergestellt. Resultiert ein Manko, wird dieses durch die Ergänzungsleistungen gedeckt. Je nach Kanton können Rentnerinnen und Rentner zusätzlich kantonale Beihilfen und in gewissen Gemeinden auch einen Gemeindezuschuss erhalten.

Auch bei den EL fahren unverheiratete Paare oft besser als Eheleute. Denn für eine unverheiratete Person werden als Lebensbedarf pauschal maximal 18 720 Franken eingesetzt; für ein Ehepaar ist es

Das unverheiratete Paar fährt besser

	Lebenspartnerin	Lebenspartner	Ehepaar
Lebensbedarf	Fr. 18 720.–	Fr. 18 720.–	Fr. 28 080.–
Miete	Fr. 7 500.–	Fr. 7 500.–	Fr. 15 000.–
Krankenkasse Stadt Zürich	Fr. 4 212.–	Fr. 4 212.–	Fr. 8 424.–
Total Auslagen	Fr. 30 432.–	Fr. 30 432.–	Fr. 51 504.–
Einkünfte	Fr. 28 000.–	Fr. 25 000.–	Fr. 53 000.–
EL pro Jahr	Fr. 2 432.–	Fr. 5 432.–	–.–

nicht das Doppelte, sondern maximal nur 28 080 Franken (Stand 2010). Die Wohnkosten werden bei Konkubinatspaaren in der Regel pro Kopf aufgeteilt.

Ergänzungs- und andere Zusatzleistungen werden nur auf Antrag ausgerichtet. Wenn Sie in knappen finanziellen Verhältnissen leben, melden Sie sich bei der AHV-Gemeindezweigstelle Ihres Wohnorts oder der kantonalen Ausgleichskasse für die Berechnung von Ergänzungsleistungen an. Sie können nichts verlieren: Die Berechnung ist kostenlos, im schlimmsten Fall heisst es einfach, dass Sie (noch) keinen Anspruch haben. Im Internet können Sie Ihren Anspruch selbst provisorisch berechnen (www.ahv-iv.info → EL). Unterstützung erhalten Sie auch bei Pro Senectute.

Witwen- und Witwerrenten der 2. Säule

In der 2. Säule, also der beruflichen Vorsorge, sind Männer und Frauen gleichgestellt. Eine Witwer- oder Witwenrente wird ausbezahlt:

— wenn die Ehe mindestens fünf Jahre gedauert hat und die Witwe, der Witwer über 45 Jahre alt ist

— wenn die Witwe, der Witwer noch für den Unterhalt eines Kindes aufkommen muss

Ob auch überlebende Konkubinatspartner eine Hinterlassenenleistung erhalten, hängt vom Pensionskassenreglement ab. Denn das Gesetz schreibt keine Leistungen vor. Früher durften die Pensionskassen freiwillig eine Hinterlassenenrente oder ein Kapital auszahlen, wenn der verstorbene Partner für den Lebensunterhalt seiner Freundin massgeblich aufgekommen war. Seit dem 1. Januar 2005 dürfen Pensionskassen auch freiwillig Leistungen ausrichten:

— wenn die Lebenspartnerschaft mindestens fünf Jahre gedauert hat

— wenn die überlebende Partnerin für den Unterhalt von gemeinsamen Kindern aufkommen muss

Übersicht: Plus und Minus im Konkubinat

	Plus	Minus
AHV	Keine Plafonierung der Altersrente Kein Verlust der früheren Witwen-/Witwerrente	Keine Witwen-/Witwerrente bei Tod des Partners
Ergänzungsleistungen	Vorteilhaftere Berechnung	
Unfallversicherung	Kein Verlust der früheren Witwen-/Witwerrente	Keine Witwen-/Witwerrente bei Tod des Partners
Pensionskasse	Kein Verlust der früheren Witwen-/Witwerrente	Hinterlassenenleistungen nur, wenn im Reglement der Pensionskasse vorgesehen, und nur unter bestimmten Voraussetzungen

Verlust der Witwen- oder Witwerrente Wenn Sie eine Witwen-oder Witwerrente von der Pensionskasse erhalten, verlieren Sie diese bei einer neuen Heirat. Anders als bei der AHV lebt der Anspruch aber nicht wieder auf, wenn Ihre neue Ehe geschieden wird. Auch werden, wenn es um einen neuen Anspruch geht, die Jahre einer früheren Ehe nicht mitgezählt. Dauert die neue Ehe also weniger als fünf Jahre, gibt es weder die alte noch eine neue Witwen- oder Witwerrente. Die Pensionskassen dürfen freiwillig grosszügiger sein; massgebend ist das Pensionskassenreglement.

Lebenspartner sind von diesen Überlegungen nicht betroffen. Wie bei den AHV-Hinterlassenenleistungen führt selbst ein langjähriges Konkubinat nicht zum Verlust der Witwen- oder Witwerrente aus der 2. Säule.

Überlegungen zum Nachlass

Welche Möglichkeiten Konkubinatspaare generell haben, um sich erbrechtlich maximal zu begünstigen, lesen Sie in Kapitel 7 (Seite 170). Ältere Paare, gerade wenn sie Kinder aus früheren Beziehungen haben, müssen oder wollen aber nicht immer auf die «Maximalvariante» zurückgreifen.

Es gibt verschiedene Stufen der Absicherung. Ein grosser Vorteil ist, dass die Kinder in der Regel erwachsen sind und auf eigenen Beinen stehen. So ist leichter abzuschätzen, was sie und der überlebende Partner oder die Partnerin im Todesfall brauchen. Genauso wichtig ist es, sich zu informieren, was die Nachkommen und der Partner eigentlich erwarten. Oft decken sich die Vorstellungen von Erblasser und Erben nämlich nicht: Womöglich hängen die Kinder gar nicht so sehr am Elternhaus oder an der Ferienwohnung. Vielleicht möchten sie lieber etwas weniger von ihrem Erbe, dafür schon heute einen Erbvorbezug.

> Auch wenn Sie es nicht gerne tun: Sprechen Sie mit Ihren Kindern und dem Partner, der Partnerin über Ihre Wünsche und Vorstellungen. Sie selbst wissen am besten, ob Sie das lieber mit allen zusammen am runden Tisch oder in Einzelgesprächen tun. Wenn Sie die Vorstellungen Ihrer Erben kennen, können Sie entscheiden, wie Sie Ihren Nachlass regeln wollen.

Erbauskauf

Sind die Kinder über 18 Jahre alt, dürfen Sie mit Ihnen einen Erbvertrag abschliessen. Der grosse Vorteil des Erbvertrags ist, dass man darin auf die Familiensituation zugeschnittene Vorkehrungen treffen kann. Insbesondere muss man sich nicht um die Pflichtteile kümmern. Bedingung ist einzig, dass die Erben mitmachen.

Eine interessante Variante des Erbvertrags ist der Erbauskauf. Dabei verzichten die Kinder auf eine Beteiligung am Nachlass im Zeitpunkt des Todes. Dafür erhalten sie bereits zu Lebzeiten der Eltern eine Abfindung. Der Verzicht gilt auch für die Enkel und Urenkel.

 Markus, der Sohn von Gerda, ist daran, sein eigenes Geschäft aufzubauen. Dabei könnte er finanzielle Hilfe gut brauchen. Auch seiner Mutter, die mit einem neuen Partner zusammenlebt, ist es recht, wenn die Erbfrage schon zu ihren Lebzeiten geregelt werden kann. Nach längeren Diskussionen schliesst sich auch die Schwester Karen dem Erbvertrag an. Gegen eine Abfindung von je 100 000 Franken verzichten die beiden Kinder auf eine weitere Beteiligung am Nachlass der Mutter.

 Der Erbvertrag ist nur in der Form der öffentlichen letztwilligen Verfügung gültig. Alle Beteiligten müssen also die im Kanton zuständige Amtsstelle aufsuchen. In den meisten Kantonen ist das ein Notar.

Teilungsanordnung oder Vermächtnis

Womöglich braucht Ihre Partnerin keine Absicherung, da sie selber für ihren Lebensunterhalt aufkommen kann. Trotzdem möchten Sie ihr wahrscheinlich nicht zumuten, den Hausrat mit den Erben aufzuteilen, oder Sie möchten ihr einzelne Gegenstände vermachen, zum Beispiel das Auto oder ein Gemälde. Hier gibt es zwei einfache Möglichkeiten:

— Entweder Sie setzen die Partnerin in Ihrem Testament als Erbin ein und bestimmen in einer Teilungsanordnung, was sie erhält.

— Oder Sie bestimmen im Testament, dass die Partnerin die betreffenden Sachen als Vermächtnis (Legat) erhält.

Formulierungen im Testament

Vermächtnis

Meiner Lebenspartnerin, Frau Meret G., vermache ich das Gemälde «Der Frühling» von Paloma Pucci als Legat.

Erbeinsetzung mit Teilungsanordnung

Ich setze meinen Lebenspartner, Herrn Gerold O., als Erben ein. Im Sinn eine Teilungsregel verfüge ich, dass er folgende Gegenstände erhält:

— die gesamte Wohnungseinrichtung samt Küchen- und Haushaltgeräten

— die Schallplattensammlung (Langspielplatten und CDs)

Wohnrecht

Ich vermache meinem Lebenspartner Dieter B. an meiner Liegenschaft an der Sieberlingstrasse 11 in 5400 Baden das unentgeltliche Wohnrecht. Es gilt für sämtliche Räumlichkeiten ab meinem Todestag für die Dauer von fünf Jahren.

Im ersten Fall wird die Partnerin zur Miterbin. Im zweiten Fall gehört sie nicht zu den Erben. Als Nichterbin hat sie mit der Abwicklung und Teilung des Nachlasses nichts zu tun, wird also auch nicht in allfällige Streitereien verwickelt. Ist sie «nur» Vermächtnisnehmerin, hat sie einfach Anspruch, dass die Erben ihr die bezeichneten Gegenstände überlassen.

Wohnrecht für die Partnerin

Wenn Sie mit Ihrem Partner in Ihrem Eigenheim wohnen, möchten Sie vielleicht sicherstellen, dass er nach Ihrem Tod eine gewisse Zeit oder sogar bis zu seinem Tod weiterhin dort wohnen kann. Sind Ihre Kinder damit einverstanden, fixieren Sie die getroffenen Abmachungen am besten in einem Erbvertrag.

Die 65-jährige Flavia ist geschieden und hat zwei Töchter. Sie lebt seit zehn Jahren mit ihrer Freundin Irene zusammen. Flavia, die Töchter und Irene unterschreiben auf dem Notariat, dass die Lebenspartnerin gratis und lebenslänglich in Flavias Haus wohnen darf. Flavias Töchter verzichten damit – vorläufig – auf ihren Pflichtteil. Erst wenn auch Irene stirbt, erhalten die Töchter das Haus.

Machen die Kinder bei einer solchen Regelung nicht mit, können Sie Ihrem Partner, Ihrer Partnerin schon zu Lebzeiten oder im Testament ein Wohnrecht einräumen – entgeltlich oder unentgeltlich. Beim unentgeltlichen Wohnrecht müssen die Erben die wichtigsten Kosten wie zum Beispiel die Hypothekarzinsen bezahlen. Bei einer solchen Anordnung müssen Sie aber – anders als im obigen Beispiel – die Pflichtteile der gesetzlichen Erben beachten. Der Wert des Wohnrechts muss also in die frei verfügbare Quote passen. Wenn Sie Kinder haben, steht dafür nur ein Viertel vom Wert des gesamten Nachlasses zur Verfügung. Wurden Pflichtteile missachtet, können die Erben verlangen, dass das Wohnrecht zeitlich verkürzt wird.

 Es gibt viele Möglichkeiten, den eigenen Nachlass zu regeln. Ausführliche Informationen zum Erbrecht finden Sie im Beobachter-Ratgeber «Testament, Erbschaft» (www.beobachter.ch/buchshop).

Auseinandergehen

Die meisten Paare trennen sich in Minne. Manche bleiben
sogar gute Freunde. Ein gutes Einvernehmen erleichtert vieles
und ist vor allem für die gemeinsamen Kinder sehr wichtig.
In diesem Kapitel erfahren Sie, was Ex-Liebende bei der
Auflösung des Mietvertrags, beim Verkauf des Eigenheims und
beim Aufteilen des Hausrats beachten müssen, was für die
Kinder gilt und was das Gesetz sagt, wenn es doch nicht ohne
Misstöne abgeht.

Die Wohnsituation klären

Das Konkubinat beenden kann der Partner oder die Partnerin von heute auf morgen. Nicht so schnell wird man aber die Verbindlichkeiten rund um die gemeinsame Mietwohnung los. Und wenn es darum geht, was mit dem gemeinsamen Eigenheim geschehen soll, können unerwartete Schwierigkeiten auftauchen.

Formalitäten des Mietrechts beachten

Leben Sie in einer Mietwohnung, müssen Sie den Mietvertrag schriftlich kündigen. Haben Sie beide den Vertrag unterzeichnet, ist die Kündigung nur gültig, wenn Sie sie beide unterschreiben. Ein eigenes Kündigungsrecht jedes Mieters besteht nur, wenn Sie mit dem Vermieter eine Teilkündigungsklausel vereinbart haben (siehe Seite 33).

Sie müssen sich an die Kündigungsfrist und die Kündigungstermine in Ihrem Vertrag halten. Wurde darin nichts vereinbart, gilt für Wohnungen und Einfamilienhäuser eine Kündigungsfrist von drei Monaten auf den nächsten orts- oder quartierüblichen Kündigungstermin. Auskunft darüber erhalten Sie bei der Schlichtungsbehörde in Mietsachen oder im Internet unter www.mietrecht.ch

Die Kündigung muss vor Beginn der Kündigungsfrist beim Vermieter eintreffen. Der Poststempel ist nicht massgebend. Schicken Sie deshalb Ihren Brief im Minimum zehn Tage vor Beginn der Kündigungsfrist ab – zur Sicherheit eingeschrieben. Trifft die Kündigung zu spät beim Vermieter ein, gilt sie erst für den nächstmöglichen Termin.

Mit Nachmieter schneller aus dem Vertrag Möchten Sie vor Ablauf der Kündigungsfrist oder vor dem nächstmöglichen Kündigungstermin ausziehen, werden Sie Ihre vertraglichen Pflichten los, wenn Sie dem Vermieter einen zumutbaren und zahlungsfähigen

Ersatzmieter vorschlagen können. Zumutbar heisst, er muss einen guten Leumund haben und zu den übrigen Hausbewohnern passen. Der Mietzins sollte nicht mehr als 30 Prozent seines Bruttoeinkommens betragen. Zudem muss der Nachmieter bereit sein, Ihren Mietvertrag zu den gleichen Bedingungen zu übernehmen. Erfüllt auch nur ein einziger Bewerber die Voraussetzungen, muss der Vermieter Sie aus dem Vertrag entlassen – egal, ob er dann mit dem Bewerber tatsächlich einen Mietvertrag abschliesst.

Streit um die Wohnung Hat die Partnerin den Mietvertrag allein unterschrieben, bestimmt sie auch allein über die Kündigung des Mietverhältnisses. Kündigt sie und möchte der Partner den Mietvertrag übernehmen, braucht es dazu das Einverständnis des Vermieters. Will die Partnerin dagegen in der Wohnung bleiben, wird der Partner wohl oder übel ausziehen müssen.

Haben beide Partner den Mietvertrag unterschrieben, können sie ihn (ohne Teilkündigungsklausel) nur gemeinsam kündigen. Das hat gravierende Konsequenzen, wenn sich eine Seite gegen die gemeinsame Kündigung sträubt. Eine Pattsituation liegt vor, wenn sich beide darum streiten, wer die Wohnung behalten darf. Beispiele und Lösungsvorschläge finden Sie im Kapitel «Zusammenziehen» (Seite 31).

Wer haftet wofür? Alle, die den Mietvertrag unterschrieben haben, haften gegenüber der Vermieterin solidarisch für die Erfüllung der vertraglichen Pflichten (siehe Seite 30). Sie hat die Wahl, von wem sie ausstehende Mietzinsen oder Schadenersatz für Mieterschäden fordert. Die geschäftstüchtige Vermieterin wird sich an den zahlungskräftigeren oder -willigeren Partner halten. Die interne Vereinbarung über die Kostenverteilung braucht sie nicht zu interessieren.

Musste ein Mieter der Vermieterin mehr bezahlen, als intern zwischen ihm und seinen Mitmietern vereinbart war, kann er die Differenz bei diesen eintreiben. Wurde nichts vereinbart oder lässt sich die interne Kostenaufteilung nicht beweisen, müssen alle Mitmieter einen gleichen Anteil an den Kosten übernehmen.

Dass Sie zu viel Bezahltes bei der Partnerin eintreiben dürfen, nützt Ihnen allerdings nichts, wenn diese zahlungsunfähig ist. Wie Sie vorgehen können, sehen Sie auf Seite 97.

Gemeinsames Wohneigentum aufgeben?

Geht die Partnerschaft auseinander, heisst das meist auch: das geliebte Eigenheim aufgeben. Die Trennung von Heim und Partner ist etwas viel aufs Mal! Doch auch wenn die Emotionen stark sind, lohnt es sich, beim Verkauf des Eigenheims einen kühlen Kopf zu bewahren und langfristig zu planen. Wer ruckzuck verkaufen muss, erzielt selten einen guten Preis. Im Idealfall lässt sich die Liegenschaft mit Gewinn an eine Drittperson weiterverkaufen, oder eine Seite ist in der Lage, die andere auszuzahlen und das Eigenheim allein zu halten.

Wie viel Sie für Ihre Liegenschaft lösen können, hängt von verschiedenen Faktoren ab: etwa von der Anzahl der Interessenten, vom Zustand und von der Lage des Objekts sowie von der konjunkturellen Situation. Verlässliche Werte erhalten Sie von einem versierten Liegenschaftenschätzer (Adressen unter www.siv-ch.ch). Erste Anhaltspunkte können Sie sich selber über das Internet beschaffen (www. iazicifi.ch); Kostenpunkt rund 300 Franken.

Hypothek zurückzahlen Wird die Liegenschaft verkauft, gilt es auch, das Hypothekardarlehen an die Bank zurückzuzahlen. Dabei müssen Sie die Kündigungsfristen beachten. Bei einer variablen Hypothek gibt es kaum Probleme; sie ist meist innert drei bis sechs Monaten kündbar. Anders sieht es bei einer Festhypothek aus. Vor Ende der vereinbarten Laufzeit lässt sich diese nur gegen eine Strafgebühr auflösen. Dem können Sie entgehen, wenn der Käufer Ihre Hypothek übernimmt. Dafür braucht es jedoch die Einwilligung der Bank.

Auch die Mittel, die Sie aus der Pensionskasse vorbezogen haben, müssen an die Vorsorgeeinrichtungen zurückbezahlt werden. Mehr als den Erlös – das ist der Verkaufspreis abzüglich

Hypothekarschuld, Grundstückgewinn- und Handänderungssteuer sowie Gebühren – müssen Sie allerdings nicht wieder einzahlen. Bezüge aus der Säule 3a können dagegen nicht mehr zurückgeführt werden.

Verkauf an den Partner oder die Partnerin Wollen Sie – oder Ihr Partner – das einst gemeinsam finanzierte Eigenheim allein übernehmen, brauchen Sie einiges an finanziellen Ressourcen. Einerseits müssen Sie den ausziehenden Partner auskaufen, andererseits werden Sie in Zukunft die Kosten für die Liegenschaft allein tragen. Sinnvoll ist es auf jeden Fall, sorgfältig zu berechnen, ob Ihre finanziellen Mittel dazu ausreichen. Unter Umständen sind Ihre Eltern bereit, mit einem Erbvorbezug oder einem Darlehen auszuhelfen. Allenfalls lässt sich noch Sparpotenzial finden, zum Beispiel durch den Verzicht aufs Auto oder die Aufnahme eines Untermieters. Professionelle Hilfe beim Erarbeiten des Budgets und zum Ausloten von Sparmöglichkeiten bietet die Budgetberatung Schweiz (www.budgetberatung.ch).

Zu beachten ist auch das Steuerrecht: Kann die scheidende Partnerin ihren Anteil dem Exfreund mit Gewinn verkaufen, muss sie Grundstückgewinnsteuer zahlen. Verkauft sie ihren Anteil dagegen unter dem Steuerwert, kann dies für ihn eine Schenkungssteuer auslösen. Damit keine überraschende Post vom Steueramt kommt, sollten sich beide vor dem Verkauf informieren.

 Auch wenn Sie Ihren Anteil an der Liegenschaft an Ihren Partner abtreten, müssen Sie die Vorbezüge von Pensionskassenguthaben wieder an die Vorsorgeeinrichtung zurückzahlen.

Auflösung unter behördlichem Zwang Wenn sich die beiden Eigentümer der Liegenschaft auf keine Weise einigen können, hilft schliesslich nur noch der Gang vor Gericht: Eine Seite klagt auf Auflösung des gemeinschaftlichen Eigentums.

Muss die Liegenschaft zwangsverwertet werden, drohen Verluste. Denn es fallen Gebühren an, und zudem lässt sich selten ein guter

Verkaufspreis erzielen, wenn ein Grundstück unter Zeitdruck verkauft werden muss.

> Vielleicht können Sie sich darauf einigen, die Immobilie vorläufig an eine Drittperson zu vermieten. Das kann sich lohnen, wenn auf dem Markt kein befriedigender Verkaufspreis zu erzielen ist.

Gewinn und Verlust aufteilen Können Sie sich über die Aufteilung eines Gewinns oder Verlustes aus dem Verkauf der Liegenschaft nicht einigen, müsste der Konflikt am ehesten mit den Regeln der einfachen Gesellschaft gelöst werden. Das bedeutet eine hälftige Aufteilung – unabhängig von den seinerzeitigen Investitionen.

Tina und Igor bezahlten 1990 für ihre Liegenschaft 800 000 Franken. Der Betrag setzte sich folgendermassen zusammen:

— 480 000 Franken erste Hypothek
— 160 000 Franken zweite Hypothek
— 100 000 Franken von Igor aus einem Vorbezug bei der Pensionskasse
— 60 000 Franken von Tina aus ihren Ersparnissen

Bei der Trennung der beiden im Jahr 2009 ist die zweite Hypothek bis auf 40 000 Franken amortisiert. Die Liegenschaft lässt sich für 650 000 Franken verkaufen. Nach Abzug der Hypotheken bleiben noch 130 000 Franken. Das sind 30 000 Franken weniger als das seinerzeitige Eigenkapital. Nach den Regeln der einfachen Gesellschaft ist der Verlust hälftig zu tragen. Damit erhält Tina 45 000 Franken, während 85 000 Franken an Igors Pensionskasse zurückfliessen.

Selbstverständlich ist eine andere Beteiligung am Verlust oder Gewinn möglich – wenn beide einverstanden sind. Um das Konfliktpotenzial zu minimieren, ist es ratsam, schon beim Erwerb einen Verteilschlüssel festzulegen (mehr dazu auf Seite 81).

Den Hausrat gerecht aufteilen

Zieht ein Partner aus der gemeinsamen Wohnung aus oder verlassen beide das gemeinsame Heim mit verschiedenen Bestimmungsorten, gilt es auszuscheiden, wer was mitnimmt. Manche Trennung löst starke Emotionen aus. Nicht umsonst heisst es: Abschied nehmen, ist ein bisschen wie sterben. Lassen Sie Gefühle wie Wut, Enttäuschung oder Trauer zu. Dann besteht am ehesten Gewähr, dass sie sich nicht in unnötigen Auseinandersetzungen um materielle Dinge entladen.

Im Idealfall macht keine Seite der anderen ihre Sachen streitig, und das Paar schafft es auch, gemeinsam Gekauftes fair aufzuteilen. Hier einige Tipps dazu:

— körperliche Teilung, wo möglich – Beispiel: Er nimmt die Bettwäsche, sie das Geschirr

— Verkauf an Drittpersonen und Teilung des Erlöses

— Verkauf an einen Partner unter Auszahlung des anderen

— entsorgen und die Entsorgungskosten teilen

Wenn Mein und Dein strittig sind

Fehlen Beweise, wem was gehört, oder hat das Paar gemeinsame Anschaffungen gemacht, wird die Aufteilung im Streitfall problematisch. Das Gesetz bietet den Exlebenspartnern keine praxistauglichen Regeln an. Juristisch Interessierten seien sie aber nicht vorenthalten.

Alleineigentum oder gemeinschaftliches Eigentum? Das Sachenrecht, geregelt im Zivilgesetzbuch ab Artikel 641, kennt zwei Formen, wie man Eigentum erwirbt: Allein- und gemeinschaftliches Eigentum. Im Normalfall entsteht Alleineigentum, wenn einer von Ihnen einen Gegenstand erwirbt. Kauft Ihr Partner also die neue CD seiner Lieblingsband, trägt er sie als Alleineigentümer nach Hause.

Auch wenn Sie die CD später häufiger abspielen als er, entsteht daraus kein gemeinschaftliches Eigentum.

Nicht mehr so eindeutig sind die Eigentumsverhältnisse aber, wenn das Paar – wie meist üblich – keine klaren Absprachen trifft:

 Xaver kauft im Supermarkt zusammen mit den Wochenendeinkäufen eine neue Dampfbügelstation. Er und Samantha rechnen wie immer am Monatsende die Einkäufe im Supermarkt miteinander ab.

Samantha gibt Xaver 1000 Franken. Xaver holt ebenfalls 1000 Franken von seinem Konto und kauft mit dem Geld einen Beamer für das Kinovergnügen im gemeinsamen Heim.

Gemeinschaftliches Eigentum gilt in Lebenspartnerschaften in zwei Fällen:

— wenn das Paar es bewusst so will

— wenn sich das Paar um einen Gegenstand streitet und keine Seite ihr Alleineigentum beweisen kann

Miteigentum und Gesamteigentum Juristen unterscheiden zwei Formen des gemeinschaftlichen Eigentums: Miteigentum und Gesamteigentum. Der Unterschied in der Praxis ist allerdings nicht gross. Bei beiden Eigentumsformen darf kein Partner die Sache ohne Einwilligung des anderen verkaufen. Und bei beiden Formen wird es umständlich, wenn sich die Beteiligten beim Auseinandergehen nicht einigen können, wie sie das gemeinschaftliche Eigentum aufteilen wollen. Im schlimmsten Fall muss das Gericht entscheiden.

In der Regel entsteht im Konkubinat Miteigentum. Nur wenn eine einfache Gesellschaft vorliegt (siehe Seite 20), entsteht am gemeinsam Erworbenen Gesamteigentum.

Lösungsvorschlag für den Streitfall Sie können sich über die Aufteilung des Hausrats nicht einigen? Lassen Sie das Los entscheiden! Diese praktische Methode schlägt übrigens auch das Schweizerische Zivilgesetzbuch bei der Teilung der Erbschaft vor. Nicht zu unterschätzender Vorteil: Keine Seite muss nachgeben oder das Gesicht verlieren, und die Methode kostet nichts.

 Hanna und Serge teilen den Hausrat in der Küche auf Lose auf, die alle ungefähr den gleichen Wert haben:

— Los 1: Besteck
— Los 2: Geschirr und Gläser
— Los 3: Pfannen
— Los 4: Racletteofen
— Los 5: Entsafter und Toaster
— Los 6: Espressomaschine

Die Zettel mit den Nummern von 1 bis 6 legen sie in einen Topf und ziehen abwechslungsweise je drei Lose.

 Vergessen Sie nicht, Ihre Hausrat-, Haftpflicht- und die Autoversicherungen der neuen Situation anzupassen.

Geschenkt ist geschenkt

Der Volksmund sagt es richtig: Geschenkt ist geschenkt. Geht die Beziehung auseinander, ist das aus rechtlicher Sicht kein Grund, Geschenke zurückzufordern. Nicht immer ist aber klar, ob das vermeintliche Geschenk wirklich eines war, wie folgendes Beispiel aus der Beobachter-Praxis zeigt.

 Angelika überweist Ramon 4000 Franken, damit er seine Schulden bezahlen kann. Drei Jahre später verliebt sich Ramon in Angelikas Freundin und zieht zu ihr. Angelika will nun ihre 4000 Franken zurück. Ramon behauptet: Das war ein Geschenk.

Ohne Darlehensquittung wird es für Angelika schwierig, ihr besseres Recht nachzuweisen. Oft gewinnt in solchen Fällen nicht unbedingt, wer Recht hat, sondern wer taktisch im Vorteil ist oder den längeren «Schnauf» hat.

So können Sie vorsorgen Einigen Sie sich, bevor Sie dem anderen einen Gegenstand oder Geld überlassen, über den Zweck der Transaktion. Was soll es sein?

— **Geschenk**
Sie können Geld oder Gegenstände schenken. Den Beschenkten trifft keine Rückgabepflicht.

— **Gebrauchsleihe**
Sie überlassen einen Gegenstand zum Gebrauch ohne Benutzungsgebühr. Wurde nichts abgemacht, ist eine Rückforderung jederzeit möglich.

— **Darlehen**
Sie leihen eine Geldsumme. Wurde nichts anderes abgemacht, ist kein Zins zu bezahlen. Wurde kein Rückzahlungstermin vereinbart, kann das Darlehen mit einer Frist von sechs Wochen gekündigt werden.

Entscheiden Sie sich für eine Gebrauchsleihe oder ein Darlehen, lassen Sie den Partner eine Quittung unterzeichnen (einen Darlehensvertrag finden Sie im Anhang, Muster 4, eine einfache Darlehensquittung und einen Leihvertrag in Kapitel 2, Seite 42 und 43).

Fairness beim Finanziellen

Viele Paare heiraten nicht, weil sie die Unverbindlichkeit des Konkubinats schätzen. Auch wer jahrelang mit einem Partner zusammenlebte, ist bei einer Trennung zu nichts verpflichtet. Solange keine Seite von der anderen wirtschaftlich abhängig wird, ist dagegen nichts einzuwenden. Wenn nicht, sollten Konkubinatspaare eine Heirat in Erwägung ziehen oder die wirtschaftlich schwächere Seite zumindest vertraglich absichern.

Im Gesetz ist nichts vorgesehen

Ganz anders als bei Eheleuten sieht das Gesetz keinen Schutz für den wirtschaftlich schwächeren Partner vor, wenn ein Konkubinat auseinanderbricht. Das gilt auch für jahrelange Lebensgemeinschaften und selbst dann, wenn das Paar gemeinsame Kinder hat. Die Partnerin, die zugunsten der Gemeinschaft oder um die Kinder zu betreuen ihre Erwerbstätigkeit einschränkte oder aufgab, erhält bei der Trennung keinen Ausgleich. Das sind ihre Nachteile gegenüber einer verheirateten Frau:

— kein eigener Unterhaltsanspruch

— keine Beteiligung am während der Gemeinschaft erwirtschafteten Vermögen

— keine hälftige Aufteilung der Guthaben bei AHV- und Pensionskasse, die während des Zusammenlebens angespart wurden

— keine Hinterlassenenleistungen beim Tod des Expartners

Reichen die eigenen Mittel nicht für den Unterhalt, muss notfalls die Sozialhilfe einspringen (siehe Seite 101). Dort gelten allerdings strenge Auflagen. So wird in der Regel die Aufnahme einer Erwerbstätigkeit verlangt, wenn das jüngste Kind drei Jahre alt ist. Zudem prüft die Gemeinde, ob sie die geleistete Sozialhilfe von den Eltern oder Grosseltern zurückfordern kann. Laut Gesetz trifft diese Personen eine Verwandtenunterstützungspflicht, wenn sie in sehr guten finanziellen Verhältnissen leben.

Vertraglich vorsorgen

Eine Beteiligung am AHV- und Pensionskassenguthaben des besser verdienenden Partners oder eine Witwenrente lässt sich auch mit einem Vertrag nicht erreichen. Hingegen kann ein Paar vereinbaren, dass die wirtschaftlich schwächere Seite nach der Trennung einen

Unterhaltsbeitrag erhält oder dass sie am Vermögenszuwachs der anderen beteiligt wird.

— Eine Beteiligung am Vermögenszuwachs sollten Sie und Ihr Partner, Ihre Partnerin diskutieren, wenn einer von Ihnen dank tatkräftiger Unterstützung des anderen Karriere machen kann oder ein eigenes Geschäft betreibt.

— Ein Trennungsunterhalt sollte immer dann ein Thema sein, wenn eine Seite von der anderen wirtschaftlich abhängig wird. Das ist bei Konkubinatspaaren meist erst der Fall, wenn sich Nachwuchs ankündigt. Und meist sind es die Mütter, die ihre Erwerbstätigkeit zumindest reduzieren.

Geeignete Formulierungen für die Absicherung des wirtschaftlich schwächeren Partners finden Sie im Konkubinatsvertrag im Anhang (Muster 1).

Wenn noch Rechnungen offen sind

Wird der gemeinsame Haushalt aufgelöst, ist dies auch der Zeitpunkt, um ausstehende Rechnungen zu begleichen. Haben beide Seiten fällige Forderungen offen, können diese miteinander verrechnet werden, sodass nur noch der Saldo zu bezahlen ist.

Geldforderungen können Sie notfalls über das Betreibungsamt eintreiben. Die Kosten für das Betreibungsverfahren muss der Gläubiger einstweilen vorschiessen. Gelingt die Betreibung, muss der Schuldner aber am Ende alle Kosten tragen.

Neben Geldforderungen können auch andere Ansprüche bestehen, etwa auf Rückgabe von Gegenständen, zum Beispiel des Autos, das die Partnerin benutzte, obwohl es dem Partner gehört. Werden solche Forderungen nicht erfüllt, ist eine zwangsweise Beschaffung der Gegenstände nur über einen richterlichen Befehl möglich.

Die Sachen des Ex entsorgen?

Neben offenen Forderungen können auch die vom ausgezogenen Expartner nicht mitgenommenen Sachen einer vollständigen Beendung der Beziehung im Wege stehen.

Alain zog vor drei Monaten aus der Eigentumswohnung von Nadja aus. Nadja will, dass der Expartner endlich alle seine Kleider, das Velo und den übrigen Krempel abholt. Da er nicht auf ihre Nachrichten reagiert, will sie seine Sachen entsorgen. Nur, darf sie das?

Lässt Nadja Alains Sachen ohne seine Einwilligung entsorgen, riskiert sie, sich wegen Sachentziehung oder Sachbeschädigung strafbar zu machen. Ausserdem könnte Alain Schadenersatz verlangen. Will Nadja diese Risiken nicht eingehen, muss sie nachweisen können, dass sie ihn aufgefordert hat, die Sachen innert einer angemessenen Frist abzuholen. Verpasst er dies, darf Nadja in guten Treuen davon ausgehen, dass er sein Eigentum aufgegeben hat, es ihm also egal ist, wenn sie seine Sachen entsorgt. Wie macht sie das am besten?

Juristische Lösung: Will Nadja auf Nummer sicher gehen, muss sie sich ans Gericht wenden. Dies ist aber mit einem Kostenaufwand verbunden, der sich oft nicht lohnt.

Beobachter-Lösung: Der Nachweis lässt sich am besten mit einem eingeschriebenen Brief erbringen. Kennt Nadja die aktuelle Wohnadresse des ausgezogenen Partners nicht, kann sie den Brief auch mit dem Vermerk «Persönlich» an seinen Arbeitsort schicken. Ansonsten ist es ratsam, die Sachen vorläufig zu behalten und alle Kontaktbemühungen zu dokumentieren. Je mehr Zeit verstreicht, ohne dass Alain sich meldet, desto eher darf Nadja in guten Treuen davon ausgehen, dass er sein Eigentum aufgegeben hat. Ein gewisses Restrisiko bleibt aber.

Vorsorgliche Lösung: Vereinbaren Sie eine Entsorgungsklausel für die zurückgelassenen Sachen des ausgezogenen Partners (Formulierung siehe Anhang, Muster 3).

Was geschieht mit den Kindern?

Viele Paare bleiben trotz gescheiterter Paarbeziehung verantwortungsvolle Eltern, die sich die Erziehung und Betreuung ihrer Kinder weiterhin teilen. In all diesen Fällen mischt sich keine Amtsstelle in die Familienbelange ein. Wenn doch Schwierigkeiten auftauchen, ist in erster Linie die Vormundschaftsbehörde am Wohnort des Kindes zuständig. Das Amt versucht zu vermitteln und auf eine einvernehmliche Lösung der Konflikte hinzuarbeiten. Wenn nötig, kann die Behörde aber auch verbindliche Anordnungen über das Sorgerecht, die Obhut und das Besuchsrecht treffen. Streiten Eltern um den Kinderunterhalt, kann dagegen nur das Gericht entscheiden.

Wer erhält das Sorgerecht?

Haben die Eltern die gemeinsame elterliche Sorge vereinbart, bleibt diese Regelung auch bei einer Trennung von Vater und Mutter bestehen. Ein Elternteil, der das Sorgerecht nun für sich allein will, muss dies mit einem Gesuch an die vormundschaftliche Aufsichtsbehörde beantragen. Diese Stelle prüft, ob die gesetzlichen Voraussetzungen für eine Umteilung des Sorgerechts erfüllt sind.

Eine neue Regelung wird nur erlaubt, wenn sie sich wegen wesentlicher Veränderungen der Verhältnisse zum Wohle des Kindes aufdrängt. So will es das Gesetz. Das Bundesgericht hat dies konkretisiert: Nicht jede Uneinigkeit der Eltern über die Kinderbelange genügt schon für eine neue Regelung. Erst wenn wesentliche Grundlagen für eine gemeinsame Elternverantwortung nicht mehr vorhanden sind, soll das Sorgerecht einem Elternteil allein zugewiesen werden. Das ist etwa der Fall, wenn die Eltern gar nicht mehr kooperieren können (Bundesgerichtsentscheid 5 P.212/2002).

Hat die Mutter allein die elterliche Sorge inne, erübrigen sich solche Überlegungen. Sie behält bei einer Trennung das Sorgerecht und die Kinder bleiben bei ihr. Der Vater erhält nur ein Besuchsrecht.

Wo wohnt das Kind? Die Eltern können selber abmachen, ob die Kinder beim Vater oder bei der Mutter wohnen oder ob sie zwischen beiden Haushalten pendeln. Denkbar ist auch, dass die Kinder im bisherigen Zuhause bleiben und dort abwechselnd von den Eltern betreut werden, die beide eigene Wohnungen beziehen. Finden die Eltern keine Einigung, ist die Mutter mit alleinigem Sorgerecht «im Vorteil». Eine Zuteilung der Obhut an den Vater wird die Vormundschaftsbehörde nur verfügen, wenn der Mutter gravierende Fehler bei der Kinderbetreuung nachgewiesen werden können (mehr zur Umteilung der Obhut in Kapitel 5, Seite 139).

Das Besuchsrecht

Auch nach einer Trennung brauchen die Kinder den Kontakt zu beiden Eltern. Deshalb steht ihnen wie auch dem Elternteil, bei dem sie nicht wohnen, ein Besuchsrecht zu. Manches Elternpaar hat dies schon vorsorglich im Unterhaltsvertrag oder in der Vereinbarung über die elterliche Sorge geregelt (siehe Seite 121 und 131). Wenn nicht, können die Eltern sich auch jetzt noch ohne behördliche Mitwirkung über das Besuchsrecht verständigen. Werden sie sich nicht einig, können sie gemeinsam oder einzeln die Vormundschaftsbehörde beiziehen und sie entscheiden lassen. Das gilt auch, wenn ein Elternteil später die Regelung abändern will.

Norbert und Anna vereinbaren, dass die dreijährige Tinka jedes zweite Wochenende vom Freitagabend bis zum Sonntagabend und jeden Mittwochnachmittag vom Vater betreut wird. Zudem soll Tinka zwei Wochen pro Jahr mit dem Vater in die Ferien fahren. Weihnachten feiern die Eltern der Tochter zuliebe immer noch zusammen.

Marc ist ebenfalls dreijährig. Seine Mutter Marga will Vater Viktor am liebsten gar kein Besuchsrecht einräumen. Viktor wendet sich an die Vormundschaftsbehörde, und diese entscheidet, dass der Vater Marc bis zum sechsten Geburtstag jeden zweiten Samstag am Nachmittag zu sich auf Besuch nehmen darf. Erst danach darf Marc jedes zweite Wochenende und drei Wochen Ferien beim Vater verbringen.

Ausgefallene Besuche nachholen? Immer wieder taucht die Frage auf, wann ein Besuch, der ausgefallen ist, nachgeholt werden darf oder soll. Können sich die Eltern nicht selbst einigen, hat die Gerichtspraxis folgende Richtlinien aufgestellt:

— Das Besuchsrecht kann nicht nachgeholt werden, wenn der Grund für das Ausfallen beim besuchsberechtigten Vater liegt – Beispiele: Krankheit, geschäftliche Abwesenheit, Ferien. Ebenfalls kein Nachholen gibt es, wenn die Ursache für das Ausfallen weder beim Vater noch bei der Mutter liegt – Beispiele: Krankheit des Kindes, Schullager, Kommunion.

— Nachgeholt werden Besuche, wenn der Grund fürs Ausfallen bei der obhutsberechtigten Mutter liegt – Beispiele: Verwandtenbesuche, Ferien beim Götti. Auch wenn mehrere Besuchstage hintereinander ausfallen und die Ursache nicht bei den Eltern liegt, darf nachgeholt werden – Beispiel: Am einen Besuchswochenende ist das Kind im Lager, am nächsten ist es krank.

Wenn das Kind nicht zum Papi will Das Gesetz verlangt von den Eltern, dass sie alles unternehmen, damit der Kontakt des Kindes mit Vater und Mutter gewahrt bleibt. Trotzdem wehren sich Kinder manchmal mit Händen und Füssen gegen die Besuche. Bei Jugendlichen ab etwa zwölf Jahren lässt sich das Besuchsrecht gegen ihren Willen nicht mehr durchsetzen; sie entscheiden selber, ob und wann sie den Vater (oder die Mutter) besuchen. Aber auch bei jüngeren Kindern ist es heute kaum noch denkbar, dass sie unter Polizeigewalt von zu Hause weggezerrt werden. Kein verantwortungsvoller Elternteil sollte es so weit kommen lassen.

Eines ist klar: Wenn Eltern erbittert ums Besuchsrecht streiten, ist die Situation für alle Beteiligten – Kind, Mutter, Vater und involvierte Behörden – äusserst schwierig. Rasche und tragfähige Lösungen gibt es in einem solchen Konflikt nicht. Besser ist es, die Eltern lassen sich auf eine Familienbegleitung ein. Hilfreich kann auch eine Mediation sein (Anlaufstellen finden Sie im Anhang).

Besuchsrecht und Unterhaltspflicht sind voneinander unabhängig. Auch wenn der Vater die Kinderalimente nicht oder nur schleppend bezahlt, haben das Kind und er weiterhin Anspruch auf persönlichen Kontakt miteinander.

Kinderunterhalt

Solange ein Paar zusammenlebt, gibt es in der Regel keine Probleme mit dem Unterhalt für die gemeinsamen Kinder. Geht die Beziehung auseinander, ist aber zu klären, wie hohe Unterhaltszahlungen der Elternteil zu leisten hat, bei dem die Kinder nicht leben.

Die Bezahlung des Kinderunterhalts wenn nötig auch rechtlich durchsetzen kann man nur mit einem von der Vormundschaftsbehörde genehmigten Unterhaltsvertrag in der Hand. Haben die Eltern kein gemeinsames Sorgerecht vereinbart, liegt ein solcher Unterhaltsvertrag in aller Regel bereits vor (siehe Seite 131). Eltern mit gemeinsamem Sorgerecht haben möglicherweise in ihrer Vereinbarung auf eine Festlegung des Unterhaltsbetrags verzichtet. Dann muss dies nun nachgeholt werden; die Vormundschaftsbehörde unterstützt die Eltern beim Aushandeln und Aufsetzen des Vertrags und erteilt die offizielle Genehmigung. Können sich die Eltern nicht einigen, muss das Gericht entscheiden.

Abänderung von Kinderunterhalt Manchmal entspricht das, was die Eltern bei der Geburt des Kindes als Unterhalt vereinbart haben, nicht mehr den aktuellen finanziellen Verhältnissen. Sind beide Eltern mit einer Erhöhung oder Senkung des Kinderunterhalts einverstanden, ist die Vormundschaftsbehörde am Wohnort des Kindes zuständig.

Bei der Geburt von Benno gab seine Mutter Marianne ihre Erwerbstätigkeit vorerst auf. Vater Tobias dagegen arbeitete Vollzeit und verpflichtete sich im Unterhaltsvertrag, im Fall einer Trennung monatliche Kinderalimente von 1500 Franken zu bezahlen. Als sich Marianne und Tobias Jahre später trennen, arbeiten beide je 60 Prozent. Benno bleibt bei der Mutter wohnen, er wird aber wie bisher am Donnerstag und Freitag vom Vater betreut. Zusätzlich wird er jedes zweite Wochenende beim Vater sein. Marianne und Tobias vereinbaren, dass der Vater nur noch 800 Franken Kinderalimente bezahlen muss.

Können sich die Eltern über eine Abänderung des Unterhaltsvertrags nicht einigen, muss das Gericht entscheiden. Es wird auf eine Klage aber nur eingehen, wenn sich die Verhältnisse wesentlich verändert haben. So kann ein Kinderunterhalt zum Beispiel gekürzt werden, wenn der Vater nochmals Papi wird und seine finanziellen Mittel knapp sind.

Anhang

Mustervorlagen

Die folgenden Muster sollen Ihnen als Grundlage für Ihre eigenen Abmachungen dienen. Übernehmen Sie also die Vorlagen bitte nicht «blind». Insbesondere gibt es nicht den einen richtigen Konkubinatsvertrag oder das eine Testament. Was hinein gehört, bestimmen Sie allein. Pflücken Sie diejenigen Module heraus, die Sie brauchen können, und passen Sie sie an Ihre Bedürfnisse an.

Wenn Ihre Verhältnisse komplizierter sind oder wenn Sie sich unsicher fühlen, konsultieren Sie eine Anwältin. Anwälte formulieren nicht nur auf Ihre Situation zugeschnittene Rechtsschriften, sie bieten auch eine umfassende Beratung an. Dabei können zusätzliche rechtliche Aspekte zur Sprache kommen, an die Sie womöglich noch gar nicht gedacht haben und die Sie für eine optimale Vorsorge ebenfalls beachten sollten.

1. Konkubinatsvertrag

Denise M. und Reto A., beide wohnhaft an der Waldstrasse 81 in 8500 Frauenfeld, stellen fest, dass sie seit dem 1. März 2010 einen gemeinsamen Haushalt führen. Sie treffen folgende Vereinbarungen:

1. Beteiligung an den Haushaltskosten
Zu den Haushaltskosten zählen wir:
– Mietzins samt Nebenkosten
– Elektrizität, Gas
– TV-, Radio-, Telefon- und Internetanschlussgebühren
– Prämien für Mobiliar- und Haftpflichtversicherung
– Lebensmittel, Hygieneartikel sowie Putzmittel
– Kosten für Haushaltshilfe

Diese Haushaltskosten tragen wir beide je zur Hälfte.

> Variante: Von diesen Haushaltskosten übernimmt Denise 40 Prozent und Reto 60 Prozent. Denise zahlt weniger, weil sie mehr Hausarbeiten verrichtet als Reto.

Reto zahlt den ganzen Mietzins und die Nebenkosten per Dauerauftrag ein. Die anderen Rechnungen werden von derjenigen Seite bezahlt, auf die sie ausgestellt sind. Denise und Reto behalten je ihre Quittungen. Abgerechnet wird per Monatsende nach obigem Aufteilungsschlüssel.

> Variante: Wir bezahlen unsere Haushaltskosten aus dem gemeinsamen Haushaltsportemonnaie [oder: Haushaltskonto]. Jeweils im Voraus auf den Ersten

jeden Monats zahlen Reto Fr. 2400.– und Denise Fr. 1600.– ein. Ein Überschuss geht per Jahresende zu 60 Prozent an Reto und zu 40 Prozent an Denise. Ein allfälliges Manko gleichen wir monatlich aus. Es gilt derselbe Verteilschlüssel.

Bei einer Trennung teilen wir den Verlust oder Überschuss per Ablauf der Kündigungsfrist laut Ziffer 3 nachfolgend im gleichen Verhältnis wie die Beitragsleistungen auf.

Im Übrigen verfügen Reto und Denise unabhängig voneinander frei über ihr Einkommen und ihr Vermögen.

2. Inventar
Über unseren Hausrat sowie die persönlichen Wertsachen erstellen wir ein Inventar und aktualisieren es laufend. Die Inventarliste gilt als integrierender Bestandteil dieses Vertrags.

3. Mietverhältnis
Bei der Auflösung unserer Wohngemeinschaft gilt Folgendes:
- Alle Verbindlichkeiten dem Vermieter gegenüber wie Mieterschäden u. Ä. sowie die Kosten fürs Suchen eines Nachmieters tragen wir je zur Hälfte *[oder anderer Verteilschlüssel]*.
- Die Mietzinskaution hat Reto einbezahlt. Verlassen beide die Wohnung, ist Reto berechtigt, die Rückzahlung der Kaution vom Vermieter an sich allein zu fordern. Sollten von der Kaution Mieterverbindlichkeiten abgezogen werden, kann Reto die Hälfte *[oder anderer Verteilschlüssel]* von Denise zurückfordern. Bleibt Denise in der Wohnung, tritt Reto die Mietzinskaution schriftlich an Denise ab. Denise hat ihm den aktuellen Wert der Kaution innert drei Monaten ab Beendigung der Wohngemeinschaft zu bezahlen.
- Reto hat das Vorrecht auf die Wohnung, wenn wir uns trennen.
- Möchte eine Seite ausziehen, gelten die gleiche Kündigungsfrist und die gleichen Kündigungstermine wie in unserem Mietvertrag. Zieht eine Seite vorher aus, hat sie sich bis zum Ablauf der Kündigungsfrist an den Haushaltskosten, wie in Ziffer 1 vereinbart, zu beteiligen – mit Ausnahme der Kosten für Lebensmittel, Hygieneartikel und Putzmittel.
- Die ausziehende Seite hat ihre Sachen bis spätestens 14 Tage nach Ablauf der obigen Kündigungsfrist abzuholen. Nicht Abgeholtes darf auf ihre Kosten entsorgt werden.

4. Beistandspflicht des wirtschaftlich Stärkeren bei Trennung
a) Keine gemeinsamen Kinder
Sollte einer von uns sein Arbeitspensum auf weniger als 70 Prozent reduziert bzw. nicht über 70 Prozent aufgestockt haben, um den gemeinsamen Haushalt zu füh-

ren und / oder den kranken Partner zu pflegen und / oder dessen Kinder zu betreuen, kann der haushaltführende oder pflegende Partner vom anderen eine Übergangsrente von Fr. 1500.– pro Monat für die Dauer eines Jahres fordern.

b) Gemeinsame Kinder
Sollte ein Partner sein Arbeitspensum auf weniger als 70 Prozent reduziert haben, um sich der Betreuung gemeinsamer Kinder zu widmen, hat ihm der andere Partner eine monatliche Rente von Fr. 1500.– zu bezahlen. Dieser Betrag ist bis zum 10. Geburtstag des jüngsten gemeinsamen Kindes geschuldet. Dann reduziert sich die Rente auf Fr. 500.– pro Monat bis zum 16. Geburtstag des jüngsten Kindes. Danach ist keine Rente mehr geschuldet. Der Einfachheit halber verzichten wir auf eine Teuerungsanpassung.

Die Rente ist ab dem Ablauf der Kündigungsfrist gemäss Ziffer 3 zu bezahlen.

Die Rente ist nicht geschuldet, solange der Zahlungspflichtige Ergänzungsleistungen zu einer AHV- oder IV-Rente oder Sozialhilfe beanspruchen muss. Die Zahlungspflicht ruht ebenfalls, solange der Pflichtige mit seinem Nettoeinkommen seinen eigenen Bedarf nicht angemessen decken kann. Als sein Bedarf gilt das um 20 Prozent erhöhte betreibungsrechtliche Existenzminimum an seinem Wohnort. Sollte der Zahlungspflichtige für den Unterhalt von nach der Trennung geborenen Kindern aufkommen müssen, darf er pro Kind Fr. 500.– in seinen Bedarf einrechnen. Dagegen wird der Bedarf eines neuen Ehe- oder Lebenspartners nicht berücksichtigt.

Übersteigt das Nettoeinkommen des Zahlungspflichtigen zwar den oben genannten Bedarf, reicht aber nicht, um die vereinbarte Rente ganz zu bezahlen, ist nur der Überschuss geschuldet.

Die Einstellung oder Reduktion der Rentenzahlungen ist erst nach Vorlegen eines schriftlichen Nachweises für die entfallene oder verminderte Zahlungspflicht erlaubt. Wenn der rentenbeziehende Partner heiratet, entfällt die Zahlungspflicht ab dem Heiratsdatum. Lebt er länger als ein Jahr mit einem Lebenspartner, einer Lebenspartnerin in Hausgemeinschaft, ruht die Unterhaltspflicht, solange diese Lebensgemeinschaft andauert.

Bei der Unterzeichnung dieses Vertrags erzielte Reto ein jährliches Nettoeinkommen von 13 x Fr. 8000.– = Fr. 104 000.–. Denise verdiente jährlich netto 13 x Fr. 6000.– = Fr. 78 000.–.

5. Beteiligung am wirtschaftlichen Erfolg des anderen
Hat einer oder haben beide Partner während der Dauer unserer Haushaltsgemeinschaft Ersparnisse aus Erwerbseinkommen bilden können, wollen wir diese bei einer Trennung je hälftig aufteilen.

Als Beginn unserer wirtschaftlichen Gemeinschaft gilt der 1. März 2010. Reto hatte zu diesem Zeitpunkt Fr. 60 000.–, Denise Fr. 80 000.– Ersparnisse. Diese Beträge werden nicht geteilt. Die Partner ziehen sie von ihrem Vermögensstand per Trennungstag ab. Geteilt werden nur positive Saldi; einen Minusstand trägt jeder Partner selber. Als Auflösung gilt der Tag, an dem Reto oder Denise die gemeinsame Wohnung verlässt.

6. Gültigkeit und Abänderung des Vertrags

Dieser Vertrag tritt nach Unterzeichnung in Kraft. Er kann jederzeit in gegenseitigem Einverständnis schriftlich abgeändert werden.

Frauenfeld, 1. März 2010

Denise M.   Reto A.

Geprüft und erneuert am: .... Unterschriften: ....

2. Untermiet- bzw. Mietvertrag mit Wohneigentümer

Ursula K. wird per 1. April 2010 in die Liegenschaft *[oder: die Mietwohnung]* von Simon B. an der Gartenstrasse 2 in 8032 Zürich einziehen. Ursula K. ist berechtigt, sämtliche Räumlichkeiten inklusive Kellerabteil mitzubenutzen.

Ursula verpflichtet sich, Simon einen monatlichen Mietzins von Fr. 700.– zu bezahlen. Im Mietzins sind sämtliche Nebenkosten wie Heizung und Warmwasser bereits enthalten. Der Mietzins ist im Voraus zu bezahlen, erstmals per 1. April 2010.

Dieser Vertrag ist auf unbefristete Zeit abgeschlossen. Das Mietverhältnis können beide Parteien unter Einhaltung einer Kündigungsfrist von drei Monaten auf das Ende jeden Monats kündigen.

Zieht Ursula vorzeitig aus, hat sie den Mietzins bis zum Ablauf der Kündigungsfrist oder bis zur Übernahme des Mietverhältnisses durch einen zumutbaren Ersatzmieter weiter zu bezahlen.

Ursula hat ihren Hausrat sowie alle ihre persönlichen Sachen bis spätestens 14 Tage nach Ablauf der obigen Kündigungsfrist abzuholen. Danach dürfen sie auf ihre Kosten entsorgt werden.

Verweigert Simon den Zutritt zur Wohnung oder zieht Ursula aus wichtigen Gründen, wie zum Beispiel häuslicher Gewalt, vorzeitig aus, schuldet Ursula ab Zutrittsverweigerung bzw. ab Auszug aus wichtigem Grund keinen Mietzins mehr. Erfolgt die Zutrittsverweigerung ohne wichtigen Grund, kann Ursula Schadenersatz geltend machen.

Zürich, 25. März 2010

Ursula K.   Simon B.

3. Inventar

Inventar

von Elisabeth N. und Armin Z., beide wohnhaft in 4900 Langenthal, Bahnhofstrasse 19

Elisabeth N. ist Alleineigentümerin der folgenden Gegenstände:
- Schwarze Lederpolstergruppe Marke Toga
- Esstisch aus Eichenholz mit acht Stühlen
- Wohnwand und sämtliche Kleinmöbel der Marke USN

Armin Z. ist Alleineigentümer der folgenden Gegenstände:
- Fernsehgerät (inklusive DVD-Player) der Marke Sunny
- Holzpult mit dazugehörigen Korpussen und Wandschrank von De Ligna

Folgende Gegenstände gehören uns gemeinsam. Wir haben daran Miteigentum:
- die gesamte Schlafzimmereinrichtung, bestehend aus Futondoppelbett Japona mit zwei Nachttischen und Nachttischlampen
- das rote Bettsofa der Marke Sida

Alle im Inventar nicht aufgeführten Gegenstände in unserer Wohnung, im Keller, auf dem Estrich, im Bastelraum, auf dem Balkon, auf der Terrasse und in der Garage, mit Ausnahme der Kleider, sind Alleineigentum des Partners, der über eine Quittung oder über einen auf ihn ausgestellten Kaufvertrag verfügt. Bei einer Trennung behalten Elisabeth und Armin diese sowie die im Inventar als ihr Alleineigentum bezeichneten Gegenstände.

Alle anderen nicht im Inventar aufgeführten Gegenstände gelten im Streitfall als Miteigentum. Sollten wir uns über die Aufteilung der im Miteigentum stehenden Sachen nicht einigen können, entscheidet das Los. Die Losziehung organisiert unser gemeinsamer Bekannter, Franz W.; als Ersatzfrau bestimmen wir Theres B.

Bleibt ein Partner bei einer Trennung in der gemeinsamen Wohnung, hat der ausziehende seine Sachen bis spätestens 14 Tage nach der vereinbarten Kündigungsfrist oder – bei deren Fehlen – nach dem Auszug abzuholen. Nicht fristgerecht Abgeholtes darf auf seine Kosten entsorgt werden.

Langenthal, 15. April 2010

Elisabeth N.   Armin Z.

Aktualisiert am: ....   Unterschriften: ....

4. Darlehensvertrag / Schuldanerkennung

1. Schuldanerkennung

Samuel F. bestätigt, von Camille G. ein Darlehen in der Höhe von Fr. 35 000.– erhalten zu haben.

2. Rückzahlung

Samuel verpflichtet sich, das Darlehen in monatlichen *[oder: halbjährlichen, jährlichen]* Raten von Fr. 1000.– an Camille zurückzuzahlen. Die erste Rate wird am 30. Juni 2010 zur Zahlung fällig. Gerät Samuel mit der Rückzahlung des Darlehens um mehr als zwei Raten in Verzug, ist Camille berechtigt, die Rückzahlung des gesamten ausstehenden Betrags (zuzüglich allfälliger Zinsen) innert vier Wochen zu fordern.

Variante 1: Samuel verpflichtet sich, das gesamte Darlehen im Betrag von Fr. 35 000.– schnellstmöglich, jedoch spätestens bis zum 31. Mai 2013 zurückzuzahlen.

Variante 2: Camille kann das Darlehen jederzeit mit einer Frist von drei Monaten *[oder: Wochen]* kündigen.

3. Zinsen

Samuel hat das Darlehen mit einem Jahreszins von 3 Prozent *[erlaubt: maximal 15 Prozent]* zu verzinsen.

Variante: Die Parteien verzichten ausdrücklich auf eine Verzinsung des Darlehens.

Dieser Vertrag wurde im Doppel (Original und Kopie) je mit Originalunterschriften erstellt.

Grosshöchstetten, 15. Mai 2010

Camille G.   Samuel F.

5. Arbeitsvertrag

Arbeitsvertrag

zwischen Lydia U. (Arbeitgeberin) und Goran J. (Arbeitnehmer)

Das Arbeitsverhältnis beginnt am 1. Mai 2010 und ist auf unbestimmte Zeit abgeschlossen. Es gilt keine Probezeit. Das Arbeitsverhältnis kann mit einmonatiger Kündigungsfrist, jeweils auf jedes Monatsende, aufgelöst werden.

Goran J. ist als Buchhalter angestellt und direkt der Arbeitgeberin unterstellt.

Die wöchentliche Arbeitszeit beträgt zehn Stunden. Allfällige Überstunden werden in erster Linie durch Freizeit ausgeglichen. In Ausnahmefällen kann die Arbeitgeberin eine finanzielle Abgeltung 1:1 anordnen.

Goran J. hat Anspruch auf vier Wochen bezahlte Ferien pro Jahr.

Goran J. erhält ein monatliches Salär von Fr. 1400.–. Davon werden die üblichen Sozialversicherungsbeiträge abgezogen. Jeweils im Dezember wird ein 13. Monatssalär ausgerichtet.

Bei Arbeitsunfähigkeit wegen Unfalls ist Goran J. gemäss den gesetzlichen Vorschriften gegen Betriebs- und Nichtbetriebsunfall versichert. Für Arbeitsunfähigkeit infolge Krankheit gelten die Bestimmungen des Obligationenrechts.

Vevey, 20. April 2010

Lydia U.   Goran J.

6. Generalvollmacht

Ich, Stephanie L., geboren am 20. Oktober 1981, Bürgerin von Duggingen BL, wohnhaft in 7000 Chur (Hintergasse 12),

bevollmächtige hiermit

François T., geboren am 7. Juni 1981, französischer Staatsangehöriger, wohnhaft in 7000 Chur (Hintergasse 12),

mich bei der Regelung all meiner Geschäftsangelegenheiten zu vertreten, insbesondere gegenüber Gerichten, Banken, Versicherungen, Sozialeinrichtungen, Heimen, Spitälern, Behörden und Amtsstellen. Der Bevollmächtigte ist befugt, alle Arten von Rechtshandlungen und Rechtsgeschäften in meinem Namen und auf meine Rechnung vorzunehmen, insbesondere Geld, Wertschriften und andere Vermögenswerte entgegenzunehmen, zu verkaufen oder zu erwerben, Versicherungs- und Sozialleistungen zu beantragen und die finanziellen Verpflichtungen zu erfüllen, über sämtliche auf meinen Namen hinterlegten Vermögenswerte und meine Konten zu verfügen und Verbindlichkeiten einzugehen. Er darf auch Liegenschaften verkaufen oder belasten. Diese Vollmacht gilt auch für den Fall meiner Urteilsunfähigkeit und über meinen Tod hinaus bis zum Widerruf durch mich oder einen meiner Erben oder Erbinnen.

Chur, 6. März 2010

Stephanie L.

7. Spezialvollmacht

Ich, Stephanie L., geboren am 20. Oktober 1981, Bürgerin von Duggingen BL, wohnhaft in 7000 Chur (Hintergasse 12),

bevollmächtige hiermit

François T., geboren am 7. Juni 1981, französischer Staatsangehöriger, wohnhaft in 7000 Chur (Hintergasse 12),

in meinem Namen und auf meine Rechnung folgende Geschäfte zu tätigen:
- das Öffnen meiner Post
- das Bezahlen meiner laufenden Rechnungen aus meinem Konto bei der X-Bank
- die Betreuung und Pflege meines Pudels Daisy
- die Verwaltung meiner Ferienwohnung «Drei Tannen» in Arosa

Diese Vollmacht gilt nur für den Fall meiner Urteilsunfähigkeit und über meinen Tod hinaus bis zum Widerruf durch mich oder einen meiner Erben oder Erbinnen.

Chur, 6. März 2010

Stephanie L.

8. Vorsorgevollmacht / Entbindung vom Patientengeheimnis

Ich, Aisha V., geboren am 21. Dezember 1965, türkische Staatsangehörige, wohnhaft in 2500 Biel, Wiesenstrasse 18, habe keine Patientenverfügung verfasst.

Für den Fall, dass meine Ärzte nach einem Unfall meinen Hirntod feststellen oder ich mich in der Endphase einer tödlich verlaufenden Krankheit befinde, wo keine Hoffnung auf Besserung meines Zustands besteht, ermächtige ich Florian F., geboren am 10. Februar 1962, Bürger von Maienfeld, wohnhaft in 2500 Biel, Wiesenstrasse 18, nach Konsultation mit meinen Ärzten die notwendigen Entscheide über meine medizinische Behandlung sowie über die Beibehaltung oder den Abbruch von lebensverlängernden Massnahmen zu treffen.

Ich entbinde meine behandelnden Ärzte und Pflegepersonen ihm gegenüber ausdrücklich vom Patientengeheimnis.

Biel, 1. Juni 2009

Aisha V.

9. Gesellschaftsvertrag

Zwischen Isabelle S. und Werner H. besteht eine einfache Gesellschaft nach Art. 530 ff. OR. Sie hat folgenden Zweck: gemeinsames Eigentum, Bewohnen und Unterhalt der Liegenschaft Rosenweg 7, 6003 Luzern.

Damit Werner H. sein Pensionskassenguthaben als Eigenmittel einsetzen kann, vereinbaren wir entgegen der gesetzlichen Regel Miteigentum. Die Liegenschaft wurde wie folgt finanziert:
- Isabelle S.: Fr. 60 000.– als Eigenkapital
- Werner H.: Fr. 120 000.– als Eigenkapital (Vorbezug Pensionskasse)
- Restlicher Kaufpreis: Hypothekarkredit über Fr. 600 000.–

Im Grundbuch ist Isabelle S. als Miteigentümerin zu $1/3$, Werner H. als Miteigentümer zu $2/3$ eingetragen. In diesem Verhältnis sind sie auch am Gesellschaftsvermögen und am Gewinn oder Verlust beteiligt. Die nötigen Beiträge wie Hypothekarzinsen, Amortisationen und Nebenkosten tragen Isabelle und Werner je zur Hälfte.

Jeder Gesellschafter hat das Recht, die Auflösung der Gesellschaft zu verlangen, unter Einhaltung einer sechsmonatigen Kündigungsfrist. Werner H. hat das Recht, nach Ablauf dieser Kündigungsfrist die Liegenschaft in sein Alleineigentum zu übernehmen. Können sich Isabelle S. und Werner H. nicht über den Übernahmepreis einigen, gilt die Verkehrswertschätzung der Hypothekarbank. Isabelle S. erhält als Übernahmepreis $1/3$ von folgendem Saldo: Verkehrswert abzüglich der Hypothekarbelastung, der Hälfte der Grundstückgewinn- und Handänderungssteuer sowie der Hälfte aller Gebühren für Notar und Grundbuchamt.

Ist es Werner H. nicht möglich, diesen Übernahmepreis innert acht Monaten nach der Kündigung an Isabelle S. zu bezahlen, wird die Liegenschaft verkauft. Als Verkäufer wird die Makler AG beauftragt. Die Liquidationskosten haben Isabelle und Werner hälftig zu tragen.

Liegt die Verkehrswertschätzung unter dem Einstandspreis (Wertverlust), haben beide Seiten das Recht, die öffentliche Versteigerung zu verlangen. Jeder Gesellschafter ist nach erfolgter Auflösung der Gesellschaft befugt, die Anmeldung einen Monat nach Erhalt der Schätzung vorzunehmen.

Stirbt ein Gesellschafter, geht sein Anteil an den überlebenden Partner. Die Erben des verstorbenen Gesellschafters werden durch eine Geldzahlung abgefunden, die dem Liquidationsanteil des Verstorbenen per Todestag entspricht.

Luzern, 31. Mai 2010

Isabelle S.   Werner H.

10. Vereinbarung der gemeinsamen elterlichen Sorge, Kurzversion

Tamara W. und Ueli T. leben mit ihrem Kind Ladina im gemeinsamen Haushalt an der Kleestrasse 9 in 8932 Mettmenstetten. Tamara arbeitet zwei Tage pro Woche als Verkäuferin und verdient monatlich Fr. 1300.– netto. Ueli hat ein volles Arbeitspensum als Bankangestellter. Er verdient monatlich Fr. 7000.– netto.

Die Eltern ersuchen die Vormundschaftsbehörde, ihnen die gemeinsame Sorge über Ladina zu übertragen. Über ihre Anteile an der Betreuung ihrer Tochter und über die Verteilung der Unterhaltskosten haben sie sich wie folgt geeinigt:

1. Betreuung
Ladina lebt im gemeinsamen Haushalt ihrer Eltern. Sie wird mehrheitlich von der Mutter betreut. Der Vater beteiligt sich im Rahmen seiner Möglichkeiten an der Betreuung der Tochter. Er übernimmt insbesondere die Betreuung am Samstag, wenn die Mutter arbeitet. Die Eltern nehmen ihre Erziehungsverantwortung gemeinsam wahr und treffen alle wichtigen Entscheide für die Tochter in gegenseitigem Einvernehmen. Sie berücksichtigen dabei die Interessen und die Meinung von Ladina.

2. Unterhalt
Die Kosten bezüglich Unterhalt, Erziehung und Betreuung inklusive einer Fremdbetreuung von Ladina werden von den Eltern im Verhältnis ihres jeweiligen Nettoeinkommens übernommen.

3. Veränderte Verhältnisse und Konfliktfall
Ändern sich die Verhältnisse, einigen sich die Eltern über ihren jeweiligen Anteil an der Betreuung und an den Unterhaltskosten. Sie nehmen dabei Rücksicht auf die Bedürfnisse und die Meinung von Ladina und auf ihre tatsächlichen Lebensverhältnisse. Können sich die Eltern bezüglich der Kinderbelange nicht mehr verständigen, wenden sie sich an eine Elternberatungsstelle, an eine Mediatorin oder eine andere geeignete Fachperson, damit eine gemeinsame, im Interesse des Kindes und der Eltern tragfähige Lösung für die Zukunft gefunden werden kann.

4. Genehmigung
Diese Vereinbarung tritt erst nach Genehmigung durch die Vormundschaftsbehörde Mettmenstetten in Kraft.

Mettmenstetten, 11. Mai 2010

Tamara W.   Ueli T.

11. Vereinbarung der gemeinsamen elterlichen Sorge, Langversion

Alexandra E. und Günther P. leben mit ihrem Kind Cedric im gemeinsamen Haushalt an der Staudengasse 13 in 8730 Uznach. Alexandra arbeitet zwei Tage pro Woche als Verkäuferin und verdient monatlich Fr. 1300.– netto. Günther hat ein volles Arbeitspensum als Bankangestellter. Er verdient monatlich Fr. 7000.– netto.

Die Eltern ersuchen die Vormundschaftsbehörde, ihnen die gemeinsame Sorge über Cedric zu übertragen. Über ihre Anteile an der Betreuung ihres Sohnes und über die Verteilung der Unterhaltskosten haben sie sich wie folgt geeinigt:

1. Betreuung

Cedric lebt im gemeinsamen Haushalt seiner Eltern. Er wird mehrheitlich von der Mutter betreut. Der Vater beteiligt sich im Rahmen seiner Möglichkeiten an der Betreuung des Sohnes. Er übernimmt insbesondere die Betreuung am Samstag, wenn die Mutter arbeitet. Die Eltern nehmen ihre Erziehungsverantwortung gemeinsam wahr und treffen alle wichtigen Entscheide für den Sohn in gegenseitigem Einvernehmen. Sie berücksichtigen dabei die Interessen und die Meinung von Cedric.

Bei Auflösung der Hausgemeinschaft steht die Obhut über Cedric der Mutter zu. Die Aufteilung der Betreuung vereinbaren die Eltern im Zeitpunkt der Auflösung des gemeinsamen Haushalts unter Berücksichtigung ihrer konkreten Lebenssituation wie Berufstätigkeit und Alter von Cedric. Insbesondere regeln die Eltern auch das Besuchsrecht in eigener Verantwortung unter Rücksichtnahme auf die Bedürfnisse und die Meinung von Cedric. Im Konfliktfall gilt folgende Minimalregel:
— Günther P. ist berechtigt und verpflichtet, Cedric auf seine Kosten jedes zweite Wochenende (von Freitag, 18.30 Uhr, bis Sonntag, 18.30 Uhr) zu sich auf Besuch zu nehmen.
— Pro Jahr hat Günther P. das Recht und die Pflicht, zwei Wochen Ferien an einem Ort seiner Wahl und auf seine Kosten mit Cedric zu verbringen.
— Weihnachten feiert Cedric bei seinem Vater in geraden Jahren an Heiligabend, in ungeraden Jahren am 25. Dezember. Dieses Feiertagsbesuchsrecht dauert vom 24. Dezember, 14.00 Uhr, bis 25. Dezember, 12.00 Uhr, respektive vom 25. Dezember, 14.00 Uhr, bis 26. Dezember, 12.00 Uhr.

2. Unterhalt

Die Kosten bezüglich Unterhalt, Erziehung und Betreuung inklusive einer Fremdbetreuung von Cedric werden von den Eltern im Verhältnis ihres jeweiligen Nettoeinkommens übernommen.

Bei Auflösung der Hausgemeinschaft verpflichtet sich Günther P., seinem Sohn Cedric folgende Unterhaltsbeiträge zu bezahlen:

[Ab hier können Sie die Formulierungen aus dem Unterhaltsvertrag (Muster 12) verwenden.]

3. Veränderte Verhältnisse und Konfliktfall

Ändern sich die Verhältnisse, einigen sich die Eltern über ihren jeweiligen Anteil an der Betreuung und an den Unterhaltskosten. Sie nehmen dabei Rücksicht auf die Bedürfnisse und die Meinung von Cedric und auf ihre tatsächlichen Lebensverhältnisse.

Können sich die Eltern bezüglich der Kinderbelange nicht mehr verständigen, wenden sie sich an eine Elternberatungsstelle, an eine Mediatorin oder eine andere geeignete Fachperson, damit eine gemeinsame, im Interesse des Kindes und der Eltern tragfähige Lösung für die Zukunft gefunden werden kann.

4. Genehmigung

Diese Vereinbarung tritt erst nach Genehmigung durch die Vormundschaftsbehörde Uznach in Kraft.

Uznach, 15. November 2009

Alexandra E.   Günther P.

12. Unterhaltsvertrag zwischen Vater und Kind

Jakob B., Taustrasse 11, 6400 Luzern, verpflichtet sich, seiner Tochter, Vania F., Taustrasse 11, 6400 Luzern, die er am 12. Oktober 2009 beim Zivilstandsamt Luzern anerkannt hat, folgende monatliche Unterhaltsbeiträge zu bezahlen:
− Fr. 2040.− von der Geburt bis zum 6. Geburtstag
− Fr. 1935.− vom 6. bis zum 12. Geburtstag
− Fr. 2115.− vom 12. Geburtstag über die Volljährigkeit hinaus
        bis zum Abschluss der Ausbildung

Ausserordentliche Unterhaltskosten im Sinn von Art. 286 Abs. 3 ZGB sind durch diese Beträge nicht abgedeckt. Darunter fallen insbesondere Kosten für eine Zahnkorrektur oder vorübergehend notwendigen Stützunterricht. Die Eltern sind verpflichtet, solche Kosten im Verhältnis ihrer Nettoeinkommen zu übernehmen. Jakob B. hat seinen Anteil innert Monatsfrist nach Vorlage eines schriftlichen Nachweises zu bezahlen.

Jakob B. ist verpflichtet, allfällige gesetzliche oder vertragliche Kinder-, Ausbildungs- und Familienzulagen zu beziehen und zusätzlich zum Unterhaltsbeitrag an seine Tochter weiterzuleiten.

Solange Jakob B. mit Vanias Mutter, Barbara F., in Hausgemeinschaft lebt und angemessene Beiträge an die Kosten der Hausgemeinschaft leistet, gilt der Kinderunterhaltsbeitrag als bezahlt.

Ab dem ersten Monat der Trennung von Vanias Eltern sind die Unterhaltsbeiträge und Zulagen im Voraus auf den Ersten jedes Monats an die Mutter von Vania, Barbara F., zu bezahlen. Lebt Vania nach dem 18. Geburtstag immer noch im gleichen Haushalt mit Barbara F., darf Jakob B. die Unterhaltsbeiträge weiterhin an Barbara F. bezahlen, sobald er eine entsprechende schriftliche Anweisung von seiner Tochter erhält.

Die Unterhaltsbeiträge basieren auf folgenden Zahlen:
- Jahreseinkommen (brutto) von Jakob B.: Fr. 110 000.–
- Vermögen von Jakob B. per 30. September 2009: Fr. 70 000.–
- Jahreseinkommen (brutto) von Barbara F.: Fr. 26 000.–
- Vermögen von Barbara F. per 30. September 2009: Fr. 30 000.–
- Monatlicher Bedarf von Vania F. (inklusive Kinderkrippe): Fr. 2040.–
- Betreuung durch den Vater: jedes zweite Wochenende

Die Unterhaltsbeiträge basieren auf dem Landesindex der Konsumentenpreise des Bundesamts für Statistik, Stand September 2009 mit 103.1 Punkten (Basis Dezember 2005 = 100 Punkte). Sie sind jeweils auf den 1. Januar eines jeden neuen Jahres, erstmals per 1. Januar 2011 dem Indexstand Ende November des Vorjahrs anzupassen. Die Anpassung erfolgt nach folgender Formel:

$$\text{Neuer Unterhaltsbeitrag} = \frac{\text{Bisheriger Unterhaltsbeitrag x Index November Vorjahr}}{103.1}$$

Eine Anpassung erfolgt nur, wenn die Teuerung gestiegen ist. Eine Senkung ist ausgeschlossen.

Luzern, 25. Oktober 2009

Jakob B.   Barbara F.

Datum und Unterschrift der Vormundschaftsbehörde *[der Vertrag ist erst nach deren Genehmigung gültig]*

13. Brief an die Vormundschaftsbehörde

Sehr geehrte Damen und Herren

Ich, Erwin W. (geboren am 12. Februar 1970, Bürger von Bern), wünsche, dass im Fall meines Todes Frau Jolanda O. zur Vormundin meiner Kinder Heiner, geboren am 2. Januar 2000, und Michael, geboren am 4. März 2002, ernannt wird. Meine Kinder haben ein enges Verhältnis zu Frau O. Sie betreut die beiden schon heute regelmässig während zwei Tagen pro Woche und geniesst mein volles Vertrauen.

Für den Fall, dass Frau O. nicht als Vormundin für meine Kinder bestellt wird, wünsche ich, dass sie als Pflegemutter die Obhut über sie erhält, damit Heiner und Michael bei ihr aufwachsen können.

Köniz, 23. März 2010

Erwin W.

14. Mustertestament

Ich, Sonja D., geboren am 25. Oktober 1967, Bürgerin von Arlesheim, verfüge letztwillig wie folgt:

1. Ich widerrufe sämtliche letztwilligen Verfügungen, die ich jemals getroffen habe.

2. Unter Vorbehalt allfälliger Pflichtteilsrechte setze ich meine Lebenspartnerin Giulia V. zur Alleinerbin meines gesamten Nachlasses ein.

   Variante: Ich bestimme meine Lebenspartnerin zur Alleinerbin *[kann Pflichtteile verletzen!]*.

3. Sofern meine Lebenspartnerin die Erbschaft mit anderen Erben teilen muss, hat sie das Recht, die von ihr gewünschten Vermögenswerte und Gegenstände meiner Erbschaft auf Anrechnung an ihren Erbteil vorab auszuwählen.

4. Diese letztwillige Verfügung gilt unter dem Vorbehalt, dass die Partnerschaft zwischen mir und Giulia V. bis zu meinem Tod Bestand hat. Sollte diese Frage unter den Erben strittig sein, ist massgebend, ob Giulia V. zum Zeitpunkt meines Todes an meiner Wohnadresse angemeldet war.

5. Ich bestimme meine Lebenspartnerin zur Willensvollstreckerin. Sollte sie das Mandat ablehnen, bestimme ich ersatzweise Frau Rita M.

Astano, 14. Februar 2010

Sonja D.

Nützliche Adressen

Rechtsberatung

Beobachter-Beratungszentrum

Das Wissen und der Rat der Fachleute in acht Rechtsgebieten stehen den Mitgliedern des Beobachters im Internet und am Telefon unentgeltlich zur Verfügung. Wer kein Abonnement hat, kann online oder am Telefon eines bestellen und erhält sofort Zugang zu den Dienstleistungen.

- HelpOnline: rund um die Uhr im Internet unter www.beobachter.ch/ beratung, Rubrik Familie
- Telefon: Montag bis Freitag von 9 bis 13 Uhr, Fachbereich Familie: 043 444 54 04
- Anwaltssuche: vertrauenswürdige Anwältinnen und Anwälte in Ihrer Region unter www.beobachter.ch/ beratung (→ Anwaltssuche)

Bundesamt für Migration
Quellenweg 6
3003 Bern-Wabern
Tel. 031 325 11 11
www.bfm.admin.ch
Informationen für Ausländer

Demokratische Juristinnen und Juristen der Schweiz (DJS)
Neuengasse 8
3011 Bern
031 312 83 34
www.djs-jds.ch
Liste der Mitglieder mit Spezialgebieten

Frauenzentralen Schweiz
Sekretariat: Lea Schneller
Gürtelstrasse 24
7001 Chur
Tel. 081 284 80 75
www.frauenzentrale.ch
Adressen der Frauenzentralen, die kostengünstige Rechtsberatung anbieten

Schweizerischer Anwaltsverband
Marktgasse 4
3001 Bern
Tel. 031 313 06 06
www.swisslawyers.com
Liste der Rechtsauskunftsstellen der kantonalen Anwaltsverbände, Liste der Mitglieder mit ihren Spezialgebieten

Unentgeltliche oder kostengünstige Rechtsberatung bieten je nach Kanton die Gerichte, die Kirchgemeinden und die kantonalen Anwaltsverbände an.

Homosexuelle Paare

LOS – Lesbenorganisation Schweiz
Postfach
3000 Bern 14
Tel. 031 383 02 22
www.los.ch

Pink Cross
Zinggstrasse 16
3001 Bern
Tel. 031 372 33 00
www.pinkcross.ch

Eltern / Kinder

Gentest.ch GmbH
Schlossgasse 9
8023 Zürich
Tel. 0800 43 68 37
www.gentest.ch
Vaterschaftstests

Institut für Rechtsmedizin
der Universität Zürich
Winterthurerstrasse 190/52
8057 Zürich
Tel. 044 635 56 11
www.irm.unizh.ch (→ Forensische
Genetik)

www.kinderbetreuung-schweiz.ch
Suche nach Kinderbetreuungsstätten

Schweizerisches Rotes Kreuz
Rainmattstrasse 10
3001 Bern
Telefon 031 387 71 11
www.redcross.ch (SRK in Aktion
→ Entlastung / Soziale Dienste → Kinder-
betreuung zu Hause)
Hütedienst für kranke Kinder

Schweizerischer Verband allein-
erziehender Mütter und Väter SVAMV
Postfach 334
3000 Bern 6
Tel. 031 351 77 71
www.svamv-fsfm.ch

Verband Kindertagesstätten
der Schweiz
Rennweg 23
8022 Zürich
Tel. 044 212 24 44
www.kitas.ch

Verband Tagesfamilien Schweiz
Hörenstrasse 42
9113 Degersheim
www.tagesfamilien.ch

Verein Tagesschulen Schweiz
Rötelstrasse 11
8042 Zürich
Tel. 044 361 42 88
www.bildung-betreuung.ch

Verein verantwortungsvoll erziehender
Väter und Mütter VeV
Postfach
5201 Brugg
079 645 95 54
www.vev.ch

Finanzielle Fragen

Erste Anlaufstelle bei finanziellen
Problemen ist das Sozialamt Ihrer Wohn-
gemeinde (zu finden unter www.ch.ch
→ Private → Gesundheit und Soziales
→ Soziale Sicherheit → Sozialhilfe bean-
tragen). Dort erhalten Sie auch die
Adresse des kantonalen Sozialdienstes.

Alimenteninkasso und -bevorschussung:
Die zuständige Stelle erfahren Sie auf
der Gemeindekanzlei oder finden Sie im
Internet unter www.eineelternfamilie.ch
(→ Informationen → Finanzen → Alimen-
tenbevorschussungsstellen).

Amt für Jugend und Berufsberatung
Dörflistrasse 120
8090 Zürich
Tel. 043 259 96 00
www.ajb.zh.ch
Broschüre zur Bemessung von
Kinderalimenten (Kosten: Fr. 10.–)

Budgetberatung Schweiz
Arbeitsgemeinschaft Schweizerischer
Budgetberatungsstellen ASB
Hashubelweg 7
5014 Gretzenbach
Tel. 062 849 42 45
www.budgetberatung.ch
Merkblätter, Budgetvorschläge
und Adressen von Beratungsstellen

Bundesamt für Justiz
Zentralbehörde internationale
Alimentensachen
Bundesrain 20
3003 Bern
Tel. 031 324 80 48
www.ejpd.admin.ch
(→ Themen → Gesellschaft → Inter-
nationale Alimentensachen)
Eintreiben von Alimenten im Ausland

Bundesamt für Sozialversicherung
Effingerstrasse 20
3003 Bern
Tel. 031 322 90 11
www.bsv.admin.ch
Informationen zu AHV, Pensionskasse,
Unfallversicherung, Familienzulagen

www.ahv-iv.info
Adressen der Ausgleichskassen

Schuldenberatung Schweiz
www.schulden.ch
Seriöse Schuldenberatungsstellen

Schweizerische Konferenz
für Sozialhilfe (SKOS)
Monbijoustrasse 22
3000 Bern 14
Tel. 031 326 19 19
www.skos.ch

Schweizerische Stiftung des
Internationalen Sozialdienstes
− Hofwiesenstrasse 3
  8057 Zürich
  Tel. 044 366 44 77
  Deutschschweiz (ohne Bern)
− 10, Rue Alfred-Vincent
  1211 Genève 1
  Tel. 022 731 67 00
  Westschweiz, Tessin und Kanton Bern
www.ssiss.ch
Eintreiben von Alimenten im Ausland

Stiftung Auffangeinrichtung BVG
Deutschschweiz
Postfach
8036 Zürich
Tel. 041 799 75 75
www.aeis.ch

VZ VermögensZentrum
Beethovenstrasse 24
8002 Zürich
Tel. 044 207 27 27
www.vermoegenszentrum.ch
Beratung zu Vorsorge und Versiche-
rungen; weitere Filialen u. a. in Bern,
Basel, Zug, St. Gallen und Lausanne

Krankheit / Pflege / Patientenverfügungen

Caritas
Löwenstrasse 3
6002 Luzern
Tel. 041 419 22 22
www.caritas.ch
Patientenverfügungen

Dialog Ethik
Schaffhauserstrasse 418
8050 Zürich
Tel. 044 252 42 01
www.dialog-ethik.ch
Patientenverfügungen

Pro Senectute Schweiz
Lavaterstrasse 60
8027 Zürich
Tel. 044 283 89 89
www.pro-senectute.ch und
www.seniorweb.ch
Informationen zur Pflege
von Angehörigen, Erhebungs-
blätter für Pflegeleistungen

Schweizerische Patienten- und
Versichertenorganisation SPO
Häringstrasse 28
8001 Zürich
Telefon 044 252 54 22
www.spo.ch
Patientenverfügungen; weitere
Beratungsstellen u.a. in Bern, Lausanne,
Olten und St. Gallen

Schweizerisches Rotes Kreuz
Rainmattstrasse 10
3001 Bern
Telefon 031 387 71 11
www.redcross.ch (SRK in Aktion → Ent-
lastung / Soziale Dienste → Pflegende
Angehörige)
Informationen und Entlastung

Opferhilfe / Täterhilfe

Fachstelle gegen Gewalt FGG
Beratungsstellen für weibliche und
männliche Opfer und Täter
www.ebg.admin.ch → Themen →
Gleichstellung in der Familie → Fachstelle gegen Gewalt

Frauen

Dachorganisation Frauenhäuser
Postfach 2543
5001 Aarau
Tel. 079 435 16 08
www.frauenhaus-schweiz.ch

Nottelefone für gewaltbetroffene Frauen:
− Basel: 061 205 09 10
− Bern: 031 313 14 00
− Frauenfeld: 052 720 39 90
− Genf: 022 345 20 20
− Luzern: 041 227 40 60
− Schaffhausen: 052 625 60 00
− Thun: 033 225 05 60
− Winterthur: 052 213 61 61
− Zürich: 044 291 46 46

Männer

Mannebüro Züri
Hohlstrasse 36
8004 Zürich
Telefon 044 242 08 88
www.mannebuero.ch

www.maenner.org (→ Adressen Schweiz)
Links zu weiteren Männerbüros

Männerhaus Zwüschehalt
c/o VEV Schweiz
Postfach
5201 Brugg
www.zwueschehalt.ch

Paarberatung / Mediation

Die Adressen von Paar- und Familien-
beratungsstellen in Ihrer Region
erfahren Sie auf der Gemeindekanzlei.

www.paarberatung.ch
Öffentliche und private Anlaufstellen
für Ehe-, Paarberatung und Paartherapie

Schweizerischer Dachverband
für Mediation SDM-FMS
www.infomediation.ch

Schweizerischer Verein für Mediation SVM
Rankried 8
6048 Horw
Tel. 041 342 17 63
www.mediation-svm.ch

Stiftung KOSCH
Koordination und Förderung
von Selbsthilfegruppen in der Schweiz
Laufenstrasse 12
4053 Basel
Auskünfte: 0848 810 814
www.kosch.ch
Kontakt zu Selbsthilfegruppen

Wohnen

Hauseigentümerverband Schweiz
Seefeldstrasse 60
8032 Zürich
Tel. 044 254 90 20
www.shev.ch
Beratung zu Hypotheken und günstige
Angebote unter dem Link Pooling
→ Hypothekenpooling

Mieterinnen- und Mieterverband
Postfach
8026 Zürich
Tel. 044 243 40 40
Rechtsberatung:
Tel. 0900 900 800 (kostenpflichtig)
www.mieterverband.ch
Muster für Miet- und Untermietverträge

Literatur

Beobachter-Ratgeber

Baumgartner, Gabriela: Schreiben leicht gemacht. Stilsicher und rechtlich korrekt – vom E-Mail bis zum Vertrag. 3. Auflage, Beobachter-Buchverlag, Zürich 2009

Birrer, Mathias: Stockwerkeigentum. Kaufen, finanzieren, leben in der Gemeinschaft. 4. Auflage, Beobachter-Buchverlag, Zürich 2007

Bräunlich Keller, Irmtraud: Arbeitsrecht. Vom Vertrag bis zur Kündigung. 10. Auflage, Beobachter-Buchverlag, Zürich 2009

Huber, Doris; Noser, Walter; Rauch, Katja; Zanoni, Urs u. a.: Abenteuer Familie. Rechtsfragen, Finanzen, Organisation: So gelingt der Familienstart. Beobachter-Buchverlag, Zürich 2007

Knellwolf, Peggy A.; Strub, Patrick; von Flüe, Karin: ZGB für den Alltag. Kommentierte Ausgabe aus der Beobachter-Beratungspraxis. 10. Auflage, Beobachter-Buchverlag, Zürich 2010

Kieser, Ueli; Senn, Jürg: Pensionskasse. Vorsorge, Finanzierung, Sicherheit, Leistung. 2. Auflage, Beobachter-Buchverlag, Zürich 2009

Richle, Thomas; Weigele, Marcel: Vorsorgen, aber sicher! AHV, 3. Säule, Frühpension – so planen Sie richtig. Beobachter-Buchverlag, Zürich 2010

Ruedin, Philippe; Christen, Urs; Bräunlich Keller, Irmtraud: OR für den Alltag. Kommentierte Ausgabe aus der Beobachter-Beratungspraxis. 9. Auflage, Beobachter-Buchverlag, Zürich 2010

Strebel, Dominique: Mein Recht im Alltag. Der grosse Schweizer Rechtsratgeber. 2. Auflage, Beobachter-Buchverlag, Zürich 2008

Strub, Patrick: Mietrecht. Umzug, Kosten, Kündigung – alles, was Mieter wissen müssen. 7. Auflage, Beobachter-Buchverlag, Zürich 2010

Studer, Benno: Testament, Erbschaft. Wie Sie klare und faire Verhältnisse schaffen. 14. Auflage, Beobachter-Buchverlag, Zürich 2008

Von Flüe, Karin: Letzte Dinge. Fürs Lebensende vorsorgen – mit Todesfällen umgehen. Beobachter-Buchverlag, Zürich 2009

Westermann, Reto; Meyer Üsé: Der Weg zum Eigenheim. Kauf, Bau, Finanzierung und Unterhalt. 6. Auflage, Beobachter-Buchverlag, Zürich 2009

Wirz, Toni: Sozialhilfe. Rechte, Chancen und Grenzen. 4. Auflage, Beobachter-Buchverlag, Zürich 2009

Weitere Literatur

Botschaft des Bundesrats zum Bundesgesetz über die eingetragene Partnerschaft gleichgeschlechtlicher Paare vom 29. November 2002

Geiser, Thomas; Gremper, Philipp: Zürcher Kommentar zum Partnerschaftsgesetz, Schulthess Verlag, Zürich 2007

Honsell, Heinrich; Vogt, Nedim P.; Geiser, Thomas: Basler Kommentar zum Schweizerischen Zivilgesetzbuch I, Art. 1–456 ZGB. Helbing & Lichtenhahn, Basel 2006

Pulver, Bernhard: Unverheiratete Paare. Helbling & Lichtenhahn, Basel 2000

Wolf, Stephan: Das Bundesgesetz über die eingetragene Partnerschaft gleichgeschlechtlicher Paare. Stämpfli Verlag AG, Bern 2006

Stichwortverzeichnis